www.beppegrillo.it

Spegniamo il nucleare

Rizzoli

ISBN 978-88-17-05174-3

Prima edizione: maggio 2011

In collaborazione con Casaleggio Associati

I contenuti di quest'opera sono tratti in misura pressoché totale e quanto più fedele possibile dai post pubblicati sul sito www.beppegrillo.it opportunamente adattati e integrati a fini esplicativi e divulgativi.

Realizzazione editoriale a cura dello studio MacchiaUmana

Spegniamo il nucleare

Introduzione

L'orologio nucleare

L'orologio dell'apocalisse fu messo in carica nel dopoguerra alle ore 23.53. A mezzanotte in punto il mondo sarebbe finito a causa di una guerra nucleare. Al contrario di un comune orologio, le cui lancette vanno solo avanti, le sue sono andate sia avanti che indietro. Il tempo comune non esiste per la distruzione dell'umanità. Oggi l'orologio segna le 23.54, sei minuti a mezzanotte. In un solo caso arrivò a un minuto dagli ultimi rintocchi, durante i missili di Cuba del 1962, ma la soluzione della crisi fu così veloce che l'orologiaio non fece in tempo a spostare la lancetta in avanti.

Dal 1945 ad Alamogordo, nel New Mexico, dove avvenne il primo test nucleare sono state fatte esplodere più di duemila testate nucleari nel mondo. Le prime due, Little Boy (Piccolo ragazzo) e Fat Man (Uomo grasso) hanno precorso i moderni aiuti umanitari in Iraq e in Afghanistan. La Storia ci ha infatti insegnato che Hiroshima e Nagasaki con le loro centinaia di migliaia di vittime civili (soprattutto donne e bambini) servirono per evitare un numero più alto di caduti tra i militari americani per la conquista del Giappone. Un sacrificio necessario.

Le testate nucleari sono come le caramelle e i test sono proseguiti un po' ovunque dalle isole del Pacifico, predilette da Francia e Stati Uniti, alle regioni interne dell'Asia, mete nucleari della Cina e dell'Urss, ma anche dalla Gran Bretagna che ha nuclearizzato alcune remote regioni australiane. Nel dopoguerra i terrestri si sono bombardati da soli, senza riuscire a distruggersi. Visti da qualche civiltà aliena sembriamo lemming tenaci che si buttano a ripetizione in un precipizio. Siamo sopravvissuti alle bombe atomiche, ma l'orologio dell'apocalisse non poteva prevedere che la fine dell'umanità potesse avvenire per il nucleare civile, il cosiddetto «nucleare buono». Ci sono circa 443 reattori nel mondo. Gli incidenti sono stati migliaia, i più importanti Three Mile Island, Chernobyl e Fukushima. Con l'aumento delle centrali aumenta il numero di incidenti per un semplice calcolo delle probabilità. Il prossimo incidente potrebbe essere l'ultimo. Ogni centrale sposta la lancetta in avanti di qualche secondo. Ogni tensione internazionale aumenta le possibilità di atti terroristici contro gli impianti nucleari. Durante l'ultima guerra mondiale non esistevano centrali nucleari, altrimenti non saremmo qui. Chi proteggerà le centrali in caso di conflitto?

L'orologio dell'apocalisse va fermato. Quando una guerra finisce, si può ricominciare, ma dopo Chernobyl e Fukushima la vita per un territorio immenso è finita per sempre.

1

La nostra guerra nucleare

L'era post-nucleare

L'11 marzo 2011 il mondo è cambiato. Nulla sarà più come prima. Siamo entrati nel post-nucleare. Una nuova era in cui non ci sarà più spazio per i deliri dell'energia dell'atomo. Il Giappone si è immolato per noi, certo non volontariamente, ma è ciò che è successo. Se l'incubo nucleare che ci accompagna dal dopoguerra, da Chernobyl a Three Mile Island, cesserà (e cesserà) lo dovremo al sacrificio di milioni di persone in fuga dalla nube di Fukushima. Un esodo biblico. Neppure immaginabile. Il Giappone rischia di diventare l'isola che non c'è, un luogo dove non si entra e non si esce. Una trappola nucleare. Basti l'esempio della portaerei statunitense *Reagan*, alta come un palazzo di venti piani, che ha abbandonato la sua missione umanitaria. Quattro giorni dopo lo tsunami, è arrivata a 160 chilometri dalle coste nipponiche orientali per portare aiuti ed è stata investita dalle radiazioni provenienti dalla centrale di Fukushima. Diciassette marinai si sono sentiti male e sono stati subito ricoverati, mentre il resto dell'equipaggio si è sbarazzato delle divise e degli oggetti personali contaminati. Si calcola abbiano assimilato in un'ora il quantitativo di radiazioni che un essere umano riceve in un mese. Quali flotte accorreranno in soccorso delle popolazioni dell'est del Giappone dopo un episodio simile?

Il senso di quello che è successo è troppo grande, troppo profondo per poterlo afferrare, ma qualcosa si può intuire. Le persone hanno capito immediatamente che il nucleare è finito per sempre. Alcuni capi di Stato hanno già preso posizione contro le centrali, sanno che continuare sarebbe la loro fine politica.

La Svizzera ha bloccato l'iter per la costruzione dei nuovi impianti: attualmente ce ne sono cinque funzionanti che producono il 40 per cento dell'energia elettrica del Paese, e altri tre sono in fase di approvazione. I siti avrebbero dovuto essere indicati a metà del 2012. Ma dopo il terremoto il governo ha ritenuto più opportuno fermare i progetti in attesa di rivedere gli standard. «La sicurezza è la nostra priorità» ha fatto sapere il ministro dell'Energia Doris Leuthard.

In Germania sette centrali saranno fermate per tre mesi. L'anno scorso Angela Merkel aveva deciso di estendere la loro vita di dieci anni, fra il malcontento generale. Subito dopo Fukushima, la cancelliera si è affrettata a rimangiarsi tutto e a sospendere la loro attività. Una mossa solo politica secondo molti, ma almeno loro stanno riconsiderando il problema.

Il dopo Fukushima

In questo scenario l'Italia recita la parte del giapponese sperduto in un'isola del Pacifico che continua a combattere a dieci anni dalla fine della guerra. Nei momenti delle scelte difficili, di fronte alle catastrofi, possiamo contare su un ministro degli Esteri come il Frattini Ridens: rassicurante. L'Italia è più tranquilla dopo le sue parole, pronunciate mentre la centrale di Fukushima stava fondendo: «Non credo che il disastro in Giappone giustifichi una rimessa in discussione del piano italiano verso l'energia nucleare. Abbiamo fortunatamente zone che sismiche non sono...». Non conclude la frase, ma va avanti: «Alle frontiere tra Italia e Francia ci sono decine di centrali nucleari, a pochi chilometri da Torino». Perché non costruirne una direttamente dentro la Mole allora?

Personaggi che finiranno presto nel dimenticatoio del ridicolo con le loro affermazioni nucleariste. La Prestigiacomo è l'unico ministro dell'Ambiente al mondo che vuole nuove centrali nucleari. Prima invita i cittadini a non giungere a conclusioni affrettate sull'onda dell'emotività, poi dice ai suoi: «È finita, non possiamo mica rischiare le elezioni per il nucleare. Non facciamo cazzate. Bisogna uscirne ma in maniera soft. Ora non dobbiamo fare nulla, si decide tra un mese».

Lei, Testa, Veronesi, Berlusconi, Cicchitto, Scaroni, Maroni, Casini, Fini, Frattini e i pennivendoli fusi del nocciolino nucleare sono come i fascisti che giravano in divisa da federale dopo il 25 aprile. Eccezionale la supercazzola di Fabrizio Cicchitto, secondo il quale la posizione del governo italiano sul nucleare «rimane quella che è, non è che si può cambiare idea ogni minuto», o la memorabile *sententia* di Veronesi, oncologo di mestiere ed esperto nucleare nel tempo libero: «Le centrali sono sicure. Chi è contrario è fermo a una vecchia mentalità ideologica che si basa su presupposti sbagliati».

Il ministro per lo Sviluppo economico Paolo Romani conferma la linea del governo: «Tutti i Paesi europei hanno centrali. Il 19 per cento dell'energia che consumiamo in Italia è prodotta dal nucleare, è inimmaginabile tornare indietro su un percorso già attivato».

Il Parlamento italiano è peggio dei reattori di Fukushima. Il nucleare non è di destra né di sinistra, è un grande affare per tutti. Investito dalle radiazioni provenienti dal Giappone, risvegliato come un novello Paolo di Tarso sulla via dell'atomo, il Pdmenoelle si sta esercitando a fare la faccia scura antinucleare di fronte allo specchio e agli elettori. L'importante è abbaiare, poi nel retrobottega ci si mette d'accordo tra cooperative rosse e bianche e Lunardi, con la Tav di Chiamparino e Fassino, con la costruzione della più grande base militare americana in Europa a Vicenza, benedetta da Bersani, con gli inceneritori e, ovviamente, con le centrali nucleari.

Quel che è certo è che presto, a distanza di pochi giorni o di qualche mese, gente così non potrà più permettersi di sparare stronzate. Le loro dichiarazioni sono da conservare per il futuro, i loro volti, i video, le argomentazioni sono la testimonianza di un preciso momento: l'ultimo.

Chi non muore si rivede

All'improvviso, riecco il nucleare: in Italia impazza il dibattito sulla reintroduzione dell'elettricità prodotta dall'atomo, fermata dal referendum del 1987. Il primo a prendere la palla del nucleare al balzo è stato nel 2008 Claudio Scajola, allora ministro del Sottosviluppo economico, che proponeva la costruzione di dieci nuovi reattori per coprire il 25 per cento del fabbisogno nazionale di energia elettrica. Un altro 25 per cento si doveva ricavare dalle rinnovabili, con l'intento di ridimensionare l'utilizzo di combustibili fossili al 50 per cento. Scajola pensava così di tagliare le emissioni di gas serra e ridurre la dipendenza energetica dall'estero, con un crollo – a detta sua – del costo dell'elettricità all'utente finale.

Peccato che l'elettricità incida solo per il 20 per cento nella produzione di energia e che le emissioni di CO_2 derivino principalmente dagli impianti di riscaldamento e dal traffico. Il ritorno al nucleare non risolverebbe nessuno dei problemi presi in considerazione. In compenso ne creerebbe di nuovi: a partire da quello economico – chi pagherebbe i nuovi impianti? – per finire con lo smaltimento delle scorie.

A chi ha cercato di farlo ragionare, Scajola rispondeva caparbio: «Nucleare scelta obbligata per non restare a secco di energia». Pronunciato il diktat, ha indorato la pillola proponendo uno sconto sulla bolletta a chi vive vicino alle centrali. Che dia lui l'esempio con una discarica nucleare nel suo giardino. La bolletta gliela pago io.

I siti ipotizzati per il nucleare sono sempre gli stessi, già messi alla prova dalla prima stagione nucleare italiana: Sessa Aurunca, Trino Vercellese, Caorso, Borgo Sabotino, a cui si aggiunge Montalto di Castro (dove era in costruzione una centrale bloccata dal referendum). Del resto le aree su cui puntare l'attenzione non possono essere molte in un Paese a rischio sismico come l'Italia, con una densità di popolazione di 200 persone per chilometro quadrato. Già quest'ultimo dato dovrebbe escludere a priori il ritorno al nucleare: una tragedia da noi farebbe migliaia e migliaia di vittime perché siamo ammassati come formiche su un lembo di terra.

Ma non è tutto. Una centrale ha bisogno di un enorme quantitativo di acqua per refrigerare il reattore. E deve essere dolce, perché quella di mare rischia di corrodere e indebolire la struttura. Quindi o si desalinizza l'acqua (come si propone per Montalto di Castro) con un ulteriore aumento dei costi, o si sfruttano i fiumi. Che però in estate vanno costantemente in emergenza idrica: da anni ormai anche il Po ha una portata insufficiente a garantire l'irrigazione e il fabbisogno privato. Cosa succederebbe se si aggiungessero i consumi ingenti di una centrale?

Nella lista delle località «idonee» – a livello di spazi e di conformazione geologica – sparse in ventidue province su tutto il territorio nazionale, rimangono pochissime aree: la provincia di Vercelli, quella di Pavia, l'isola toscana di Pianosa, e le province sarde dell'Ogliastra, di Nuoro e di Cagliari. Ma la questione della Sardegna è spinosa: nel nord dell'isola le spiagge sono inquinate dal petrolio della E.On. Nel sud è prevista una colata di cemento nella meravigliosa costa Verde.

Per non farsi mancare niente, nel futuro dell'isola potrebbe esserci anche il nucleare. Il prossimo 15 maggio il presidente della regione Ugo Cappellacci chiederà ai sardi di rispondere alla domanda: «Sei contrario all'installazione in Sardegna di centrali nucleari e di siti per lo stoccaggio di scorie radioattive da esse residuate o preesistenti?». Il referendum è consultivo. Qualunque sia la risposta, le centrali le potranno fare lo stesso. Cappellacci nel febbraio del 2009 aveva detto: «Da noi nessuna centrale. Dovrebbero passare sul mio corpo prima di fare una cosa simile. Berlusconi manterrà le promesse fatte».

Scaroni controcorrente

Stando ai dati dell'Agenzia internazionale dell'energia, la richiesta di energia nucleare nel 2008 era l'equivalente di 747 milioni di tonnellate di petrolio, destinata a crescere fino a 842 nel 2020. L'incremento previsto tra il 2006 e il 2015 è dell'1,3 per cento, destinato a dimezzare (0,6 per cento) tra il 2015 e il 2020. Giusto come termine di confronto, la richiesta di energia da biomasse dovrebbe avere un incremento nel primo periodo dell'1,7 e poi dell'1,3; quella idroelettrica del 2,3 e dell'1,9.

In generale, si prevede una diminuzione della richiesta relativa di nucleare, petrolio e carbone, e un aumento di energia ottenuta da gas e fonti rinnovabili. Secondo il Wwf la quota di energia elettrica prodotta nel mondo col nucleare è il 16 per cento del totale complessivo, ma andrà progressivamente diminuendo all'8 per cento. Si tratta di dati medi, che tengono conto tanto di colossi come gli Stati Uniti (104 centrali operative e una in costruzione) o la Francia (58 centrali in funzione e una in costruzione), quanto di Stati non nuclearizzati come Portogallo e Grecia.

Se questo è il trend a livello mondiale, perché l'Italia vuol tornare all'atomo? Pura propaganda politica? Interessi di qualche gruppo? Ricchi appalti per la lobby del mattone che non sa più dove cementificare?

Un vero appassionato di nucleare è Paolo Scaroni, amministratore delegato dell'Eni e vecchia conoscenza dei tribunali e degli ambientalisti. Negli anni Novanta, come amministratore delegato della Techint, aveva patteggiato una condanna a due anni e tre mesi per corruzione, per tangenti pagate al fine di ottenere appalti dall'Enel. Proprio dell'Enel diventa amministratore delegato nel 2002, carica che mantiene fino al 2005, per poi passare appunto all'Eni.

Nel 2006 Scaroni viene processato dal tribunale di Adria: come ex amministratore delegato dell'Enel è accusato di aver inquinato il territorio del delta del Po con la centrale di Porto Tolle – coincidenza vuole che l'ex presidente della regione Veneto Giancarlo Galan abbia proposto la conversione a centrale nucleare. Scaroni viene condannato a un anno e quattro mesi di carcere, pena poi convertita in una banale ammenda di 1140 euro.

Il 12 gennaio 2011 la Cassazione conferma la condanna per i vertici della centrale Enel di Porto Tolle, tra cui Scaroni e il suo predecessore Franco Tatò, riformando l'appello. Grazie anche alle consulenze tecniche di esperti come l'ingegner Paolo Rabitti, tra l'altro impegnato a provare altri disastri ambientali nei procedimenti penali di Porto Marghera o dello scandalo rifiuti di Napoli e della Campania.

Nonostante questi precedenti, nel 2005 Scaroni passa all'Eni. Prima di lui c'era Vittorio Mincato, che conosceva l'azienda come pochi altri, ci aveva lavorato per quasi quarant'anni e aveva conseguito nell'ultimo periodo risultati economici eccellenti. Poco prima di essere destituito aveva dichiarato che l'Italia avrebbe dovuto lasciar stare il carbone e puntare sulle centrali a gas naturale (che emettono circa un terzo in meno di CO_2) per frenare l'aumento galoppante delle proprie emissioni.

L'affaire slovacco

Al contrario del suo predecessore, Scaroni crede che l'energia del futuro sia il nucleare e da amministratore delegato dell'Enel ha addirittura investito soldi nostri – contro il *nostro* parere – per riattivare centrali obsolete.

Nel febbraio 2005 infatti l'Enel firma per acquisire il 66 per cento della Slovenské Elektrárne e attraverso essa della centrale di Mochovce, in Slovacchia. I nostri concorrenti erano la Repubblica Ceca e la Russia, che evidentemente sentivano la mancanza della vecchia politica energetica del blocco comunista. Il passaggio viene completato nell'aprile 2006 alla modica cifra di 839 milioni di euro più qualche miliardo da investire negli anni successivi per finanziare la costruzione di due «nuovi» reattori il cui progetto era in stallo da anni per mancanza di fondi.

Gli austriaci si incazzano come bestie. C'è da capirli: la centrale si trova a cinquanta chilometri dal confine. Loro stanno a costruire gli impianti eolici e a impostare una politica tutta verde, noi gli piazziamo una bomba nucleare rappezzata fuori porta. Non un politico italiano che sia andato a discutere della situazione a Vienna.

La centrale di Mochovce risale agli anni Settanta ed è di seconda generazione, come quella che c'era a Chernobyl. Dei quattro reattori presenti, due sono stati completati nel 1983, lo stesso anno in cui è nata la Fiat Uno. Chi se ne comprerebbe una oggi? La costruzione degli altri due reattori è iniziata nel 1987 e poi è stata sospesa nel 1991 perché non c'erano fondi. Ma quelli ce li metteremo noi, più di vent'anni dopo. Spesa prevista: due miliardi di euro, forse di più. Un reattore di ultima generazione costerebbe più o meno lo stesso.

Nel 2008 l'Enel avvia i lavori di completamento, ma lo fa senza aspettare la Valutazione di impatto ambientale (Via) imposta dalla Comunità europea. I Paesi confinanti, che non vedono di buon occhio eventuali incidenti, hanno diritto di partecipare, e tanto austriaci che ungheresi sono sul piede di guerra. L'audizione per la Via viene fissata a Vienna, cosa che non piace all'Enel. Greenpeace ha in seguito reso pubblico un documento secondo cui l'Enel ha fatto pressione sul governo slovacco per sistemare la situazione: c'erano indicazioni su come evitare le manifestazioni di piazza, limitare la partecipazione della gente e attenuare l'interesse dei media. In più l'Enel chiedeva che si tenesse un unico incontro per la Via direttamente a Bratislava. L'audizione alla fine è stata comunque a Vienna, ma il progetto è passato. Sarà perché il ministero dell'Ambiente slovacco ha affidato la valutazione a Decom, una compagnia controllata da Vuje, che aveva già ottenuto appalti per finire i reattori di Mochovce?

È dai tempi dell'acquisizione che Greenpeace protesta contro questa iniziativa. «È inaccettabile che il nostro Paese pratichi il doppio standard, esportando il rischio nucleare che noi italiani non ci siamo voluti giustamente assumere» ha detto Giuseppe Onufrio, il direttore dell'associazione in Italia.

Da notare che con il referendum del 1987, tra i vari quesiti, la popolazione italiana aveva votato sì alla sospensione degli investimenti dell'Enel nella produzione elettronucleare all'estero. Senza dare nell'occhio, il 21 febbraio 2004 entra però in vigore la legge Marzano, dal nome dell'allora ministro delle Attività produttive, che contiene «misure per la ristrutturazione industriale di grandi imprese in stato di insolvenza», e rimuove la disposizione avviata dal referendum: prevede l'accesso a una procedura di «amministrazione straordinaria» da gestire in 180 giorni, e con una possibile proroga di 90 giorni per un piano di ristrutturazione. I limiti per beneficiarne sono stabiliti per l'azienda o l'impresa in stato di insolvenza, a un numero di 500 impiegati e a un debito non inferiore ai 300.000 euro. Neanche a farlo apposta, al comma 42 del primo e unico articolo si legge: «I produttori nazionali di energia elettrica possono, eventualmente in compartecipazione con imprese di altri Paesi, svolgere attività di realizzazione e di esercizio di impianti localizzati all'estero, anche al fine di importarne l'energia prodotta». È così che si ristabilisce un principio opposto a uno dei vincoli fissati con il voto popolare del 1987, che impediva all'Enel di portare avanti i suoi progetti nucleari all'estero.

L'altro punto su cui insiste Greenpeace è la scarsa sicurezza dell'impianto, perché i reattori sono ben al di sotto degli attuali standard di sicurezza e difficilmente verrebbero autorizzati in gran parte degli Stati europei. Non dispongono neanche del doppio guscio protettivo che dovrebbe proteggere il nocciolo in caso di impatto aereo.

Ma secondo l'Enel la centrale sorge in una zona protetta dalla Nato, quindi nessun attentato o incidente potrebbe mai avvenire sopra Mochovce: «La linea d'impatto dei sistemi rilevanti sotto il profilo della sicurezza dell'impianto è inoltre ostruita da formazioni naturali e da edifici più alti posti nelle loro immediate vicinanze». Chissà perché questa affermazione non convince del tutto la commissione dell'Unione europea, che dal 2008 continua a chiedere all'Enel di adeguare i livelli di sicurezza agli standard occidentali.

«La vera rivoluzione è tornare al nucleare. Sovietico» così recitava un depliant di Greenpeace distribuito in tutta Italia nel 2007 per bloccare il completamento dei reattori. Erano arrivate 22.000 email all'allora capo del governo Prodi. Inutilmente. I casi sono due: o il nostro parere non conta niente in questo Paese, o Prodi e l'Enel non hanno colto l'ironia del messaggio.

Enel pronuke

Nel 2009 l'Enel ha sottoscritto anche un accordo con Edf (Électricité de France, la sua corrispondente d'oltralpe) per partecipare allo sviluppo del nucleare di terza generazione presso la centrale di Flamanville, in bassa Normandia, con una quota del 12,5 per cento. L'accordo è stato autorizzato nel 2002 e il cantiere è partito nel 2005. La fine dei lavori è prevista per il 2014 con una possibilità di proroga quinquennale.

Secondo il programma di «sviluppo congiunto dell'energia nucleare in Italia da parte delle due aziende» così si legge nel testo dell'accordo «Edf ed Enel si impegnano a sviluppare, costruire e far entrare in esercizio almeno quattro unità di generazione». Il primo di questi quattro impianti è appunto quello di Flamanville, mentre la prima unità italiana operativa dovrebbe entrare in funzione nel 2020. In cambio alcuni dipendenti del colosso italiano possono andare in loco a fare tirocini per acquisire le competenze necessarie al ritorno del nucleare in Italia. Non era meglio pagargli una vacanza studio e basta?

L'Enel ha accolto con serafico ottimismo le notizie che arrivano da Fukushima. Mentre il mondo teme un disastro radioattivo, Fulvio Conti, amministratore delegato e direttore generale del gruppo, ha detto che a Mochovce si va avanti. «In Slovacchia stiamo per completare due reattori, che dovrebbero entrare in attività nel 2012 e 2013. Non vediamo alcuna ragione per cambiare le procedure di costruzione.» Loro forse no, noi sì. Lo abbiamo già detto nel 1987: non vogliamo il nucleare. Né tantomeno una seconda Chernobyl nel cuore dell'Europa.

Sarkò e Silviò

A fare da padrini all'accordo Enel-Edf c'erano i nani del nucleare, Berlusconi e Sarkozy. «Dobbiamo svegliarci dal nostro sonno, adeguarci, perché il futuro è nell'energia rinnovabile e nel nucleare. Affronteremo la costruzione di centrali nucleari in Italia, con al nostro fianco la Francia che ci ha messo a disposizione il suo *know-how*» ha detto lo psiconano di casa in occasione dell'incontro formale del 24 febbraio 2009. Poi ha imputato la mancata innovazione nel campo dell'energia atomica nel nostro Paese al fanatismo ideologico degli ambientalisti della sinistra che negli anni Settanta hanno voluto tirare il freno. Secondo Sarkozy, l'incontro è stato storico, e con il risultato di una reale speranza di «partnership illimitata tra i due Paesi».

Al tempo di Scajola, lo psiconano si era scatenato in promesse di ogni tipo e aveva assicurato che l'Italia non è «colonizzata. Abbiamo eccellenze italiane e lavoriamo insieme con la Francia con una partnership paritaria per affrontare insieme la sfida contro il cambiamento climatico». Però oggi siamo a leccare il culo ai francesi. Perché? Perché l'Italia di Tremorti gli deve – euro più, euro meno – 511 miliardi, equivalenti al 20 per cento del Pil francese. Chi possiede il tuo debito ti tiene per le palle, ed è ovvio che metterci insieme alla Francia e far decollare il nucleare porterà miliardi di euro a Sarkozy.

L'abbiamo capito: se il picciotto del nucleare in Italia è Berlusconi, il suo mandante è Sarkozy. Ormai la Francia ha indicato la strada. Un nano tira l'altro. L'unico motivo per cui si vuole il nucleare è il debito pubblico. L'Edf è il mandante, Berlusconi e la Confindustria gli esecutori interessati. Io ho un'idea migliore per Edf e Sarkozy: il nucleare se lo facciano sotto la Tour Eiffel.

Tanto più che tecnicamente l'Italia sarebbe più o meno autosufficiente per l'energia elettrica. L'importazione dai Paesi oltre confine avviene di notte quando compriamo sottocosto. Uno dei grossi problemi delle centrali nucleari è che le procedure più difficili e pericolose sono lo spegnimento e l'accensione, quindi si tende a mantenerle attive – salvo manutenzione – anche quando non serve energia. Con il risultato che la Francia nel momento del picco, cioè del massimo consumo, si trova in carenza e deve importare energia dagli altri Paesi (tra cui l'Italia), ma di notte ha una sovrapproduzione che svende. Così in quelle ore noi ne approfittiamo per fermare le centrali termoelettriche e ciucciare energia che rilasciamo il mattino quando aumenta il consumo. In questo modo l'energia accumulata a basso costo consente di esportare elettricità all'estero nelle ore di picco dei consumi e dei prezzi. Non male come giochetto.

Quello che ci unisce ai produttori di elettricità oltre confine è un doppio legame: la richiesta, secondo i dati Terna, la società responsabile in Italia della trasmissione dell'elettricità, nel 2010 è stata pari al 14,97 per cento (il consumo è stato di 305,500 terawatt/ora di cui 45,761 da fornitori esteri, mentre il totale esportato è stato 1,817) con una percentuale di dipendenza dalle importazioni variabile tra il 10 per cento diurno e il 25 per cento notturno.

Il fabbisogno nazionale viene quindi coperto per il 2,5 per cento dalle centrali nucleari francesi, per il 3,05 per cento da quelle svizzere, e per lo 0,8 per cento da quelle slovene. Dell'energia elettrica proveniente dalla Francia il 75 per cento è di natura nucleare, e lo stesso vale per il 40 per cento dell'energia svizzera. Ne deriva il calcolo del cosiddetto «Mix medio energetico» a opera del Gestore servizi energetici (Gse) in collaborazione con la Terna secondo cui l'energia nucleare che viene effettivamente utilizzata in Italia copre solo l'1,5 per cento del totale e lo 0,6 per cento del Mix energetico nazionale.

Il dopo Chernobyl

Sono passati ventiquattro anni dall'8 novembre del 1987, quando gli italiani sono stati chiamati a partecipare a un referendum: cinque i quesiti, due sulla giustizia e tre sul nucleare. Un anno prima, l'esaltazione dei nuclearisti, insieme alle loro finte certezze atomiche, era crollata con il rumore di una bomba in un negozio di cristalli: quella cristalleria era la cittadina di Chernobyl. Di lì a poco la richiesta di nuove norme di sicurezza e tutela dell'ambiente era sorta da ogni parte e in Italia si era acceso un vivace confronto tra i partiti. Quello che sembra mancare oggi.

Le voci di protesta più ruggenti sono state quelle dei partiti liberale, socialista e radicale. Quest'ultimo in particolare, in continuità con i referendum del 1981 sull'abolizione dell'ergastolo e del porto d'armi, e sull'interruzione di gravidanza, proponeva tre quesiti per abolire le leggi sulla realizzazione e gestione delle centrali nucleari, oltre che ai finanziamenti ai comuni e alle regioni che le ospitavano.

La proposta era forte: metteva in gioco una questione che tutti i cittadini, al di là della bandiera politica, sentivano profondamente, e la decisione di andare alle urne è stata corale. Anche se nessuno dei tre quesiti chiedeva in modo esplicito né diretto la chiusura delle centrali nucleari, ma la prendeva alla larga:

1) il primo chiedeva l'abolizione dell'intervento statale (o meglio del Cipe, il Comitato interministeriale per la programmazione economica) nel caso in cui un comune non avesse concesso un sito per l'apertura di una centrale nucleare nel suo territorio;

2) il secondo chiedeva l'abrogazione dei contributi statali da parte dell'Enel nelle tasche degli enti locali per la presenza sui territori di centrali nucleari o a carbone;

3) il terzo chiedeva l'abrogazione della possibilità per l'Enel di «promuovere la costruzione» di impianti elettronucleari «con società o enti stranieri» o anche «assumere partecipazioni che abbiano come oggetto la realizzazione e l'esercizio di impianti elettronucleari» all'estero.

In poche parole, i cittadini non votavano per la

chiusura delle centrali, ma potevano scegliere di frenare gli investimenti statali nel nucleare, da quelli diretti agli impianti a quelli pensati per agevolare gli abitanti delle zone vicine, sia in Italia sia all'estero.

La vittoria è stata netta per tutti i quesiti: rispettivamente con l'80,6 per cento, il 79,7 per cento e il 71,9 per cento. Le schede bianche o nulle sono state tra il 12 e il 13 per cento. I votanti sono stati il 65 per cento degli aventi diritto, superando abbondantemente il quorum.

I cittadini non potevano dare ordine più chiaro ai loro dipendenti: votando sì al referendum avevano detto no al nucleare. Le due centrali di Borgo Sabotino e Trino Vercellese erano ormai arrivate a fine vita e sono state chiuse, insieme a quella di Caorso, il cui (mal)funzionamento è stato invece sospeso con grande anticipo sul ciclo previsto. Quella di Sessa Aurunca non funzionava dal 1982. La centrale di Montalto di Castro, che era in costruzione, è stata riutilizzata per realizzare la centrale termoelettrica Alessandro Volta.

Nel 1986, alla vigilia dello smantellamento, le centrali attive nella penisola producevano il 4,5 per cento dell'energia totale. Dal momento in cui è venuta a mancare, questa esigua percentuale è stata compensata con un incremento dell'utilizzo di combustibili fossili, in particolare carbone e gas, e con un aumento delle importazioni.

Gli italiani hanno detto «basta con il nucleare», e anche tutti i partiti, a parte l'esiguo manipolo repubblicano. Gli stessi socialisti che oggi sono al governo con Berlusconi e ci raccontano che bisogna tornare all'atomo, al tempo erano ferocemente contrari.

Assicurazioni antinuke

Nonostante il nostro parere, il Consiglio dei ministri ha approvato il nuovo disegno di legge sui siti nucleari, aggiornando gli aspetti tecnologici, le tempistiche e i benefici economici per chi vive vicino agli impianti.

Portabandiera del ritrovato trend nuclearista sono gli esponenti del Forum nucleare italiano, nato il 27 luglio 2010, sotto la guida di Chicco Testa. Come recita il programma in bella vista sul sito internet: «Il Forum nucleare italiano è un'associazione no-profit che vuole contribuire, come soggetto attivo, alla ripresa del dibattito pubblico sullo sviluppo dell'energia nucleare in Italia». In realtà il dibattito non c'è e non può nascere: basta vedere la pubblicità mandata in onda allo sfinimento in televisione e nei cinema. Una partita a scacchi tra bianchi (a favore del nucleare) e neri (contrari): a ogni mossa viene formulata una domanda sul tema, alternando pro e contro, finché l'inquadratura si allarga e i giocatori sono la stessa persona sdoppiata dal dubbio. E questo sarebbe un dibattito ad armi pari? Il giocatore antinucleare ha le pedine nere e un tono di voce titubante mentre sfida le opinioni del giocatore bianco, pronucleare, dalla voce tranquilla e decisa.

La pubblicità è talmente di parte che il 24 febbraio è stata bloccata dal giurì dell'Istituto dell'autodisciplina pubblicitaria perché il video «non comunica al telespettatore gli obiettivi sociali che l'associazione inserzionista intende raggiungere». Intanto però è andata in onda per settimane nel tentativo di farci il lavaggio del cervello.

A questi persuasori occulti da strapazzo, vorrei chiedere: se le centrali sono così sicure, perché non c'è nessuna assicurazione al mondo che le copra?

A qualche settimana dal terremoto in Giappone, la compagnia Swiss Reinsurance ha stimato che i danni subiti dallo Stato in termini economici fossero pari all'incirca a 1,2 miliardi di euro. È chiaro che nessun assicuratore privato azzarderebbe un investimento su una centrale per gli alti costi in caso di incidente. Poche persone sono capaci come gli assicuratori di calcolare le probabilità di un incidente: se anche sono bassissime, l'eventuale esborso sarebbe tale che non ne vale la pena. E se non ci credono loro, perché dobbiamo crederci noi, che mettiamo in gioco la vita?

Fanno eccezione gli Stati Uniti, che nel 1957 definirono i nodi della responsabilità nucleare con il Price-Anderson Act, legge da rinnovare ogni dieci anni, secondo la quale ogni impianto ha l'obbligo di sottoscrizione di una polizza con copertura di 300 milioni di dollari presso assicuratori privati. Nel caso di un incidente, poniamo di gravità pari a quello giapponese, rimarrebbero comunque 900 milioni da tirare fuori. Inoltre, ogni gestore di centrali nucleari è obbligato a un pagamento fino a 96 milioni di dollari per ogni reattore, raccolti in rate annue di 15 milioni, con le dovute oscillazioni in caso di inflazione. È chiaro che gli assicuratori non perdono poi molto, e non si mettono nella situazione di doverlo fare. In poche parole, hai voluto la centrale, paghi due volte: per tirarla su e per coprire quello che non spetta all'assicurazione.

E guerra sia

A questo punto siamo in guerra. Da una parte ci sono i morti, dall'altra i vivi. Quando scoppia un conflitto, le regole ordinarie non valgono più. Per battere Hitler non era sufficiente discutere. Una centrale nucleare in Italia equivale a una pistola puntata contro la nazione. Questo non è terrorismo, è la verità. Nessuno può prevedere una catastrofe come quella giapponese, ma chiunque sa che può accadere. Tra un giorno o tra mille anni. I reattori della centrale di Fukushima stanno esplodendo uno dopo l'altro.

Sembra di essere al *Rischiatutto* di Mike Bongiorno. Ci sono sei reattori nucleari: fonde prima il reattore numero 1, quello numero 2 o il numero 3? Passiamo alla seconda domanda. Se fonde il nocciolo di un reattore cosa succede? Risposte cumulabili: muoiono subito per le radiazioni migliaia di giapponesi? Muoiono entro alcuni mesi americani, cinesi e europei a grappoli? Il Giappone del nord-est non sarà più agibile? Veronesi ripeterà a Fazio in diretta televisiva che il nucleare italiano è sicuro? Il nocciolo aprirà una voragine che arriverà dall'altra parte della Terra? Terza domanda: il pesce dell'oceano Pacifico diventerà fosforescente e potrà essere servito anche al buio? L'acqua radioattiva verrà imbottigliata con la scritta «made in Tokyo»? Chicco Testa lancerà il Forum nucleare di ultimissima generazione con esperti del calibro di Scajola e Casini? Se avete risposto correttamente a tutte le domande avete vinto un biglietto di sola andata per Fukushima insieme a Sarkozy, vitto e alloggio a spese della Tepco.

Le zone contaminate rimangono radioattive per migliaia di anni. All'Aquila non c'erano centrali nucleari, era una zona sismica, come quasi ovunque in Italia. Molti edifici crollati erano costruiti con la sabbia, gran parte della popolazione sarebbe sopravvissuta se evacuata in tempo. I segnali premonitori c'erano da mesi.

Questa è l'Italia che specula sui terremoti e ride come una iena al telefono.

Il nucleare lo vuole l'Italia dei morti, uniti nella scelta dell'atomo sicuro, così come per gli inceneritori e l'acqua privatizzata. «Il problema della sicurezza nucleare» ha dichiarato dopo la catastrofe giapponese Fini a SkyTg24 «va al di là dei confini nazionali. Ci sono centrali in Slovenia e in Francia e se lì ci fossero dei disastri colpirebbero anche noi. Inoltre le centrali giapponesi non sono di ultimissima generazione. In Italia si parla di centrali nucleari di ultimissima generazione. Il mio auspicio è che non si decida sull'onda dell'emozione». No, infatti i cittadini vorrebbero decidere sull'onda della nube di radiazioni.

Se Chernobyl fosse avvenuto in Francia, ad esempio a Chooz, la regione di Champagne-Ardenne situata al centro dell'Europa sarebbe interdetta agli esseri umani per migliaia di anni. Perché correre un rischio così alto? Per difenderci dagli alieni? O da una catastrofe planetaria? O per lucro, il solito miserabile, schifoso, merdoso lucro? Io non voglio che i miei figli corrano questo rischio e farò qualunque cosa in mio potere contro il nucleare. Le madri dei nuclearisti, così come quelle degli imbecilli, sono sempre incinte.

Referendum con l'elmetto

A questo punto è chiaro, il comitato di affari Pdl e Pdmenoelle ha deciso che il nucleare si deve fare. Il futuro economico, energetico, industriale dell'Italia è legato all'atomo. I media si sono subito allineati. Chi è disposto a dimenticarsi che nel 1987 venti milioni di italiani hanno votato un referendum contro il nucleare? Noi no. Scajola e la Marcegaglia contano più della volontà degli italiani? Chi li autorizza a prendere decisioni a nome di tutti?

Il ragionamento da fare sarebbe il seguente: si vuole il nucleare? Si tenga un nuovo referendum, e poi vediamo. Se gli italiani voteranno a favore, allora si potrà fare. Altrimenti no. Non si possono costruire centrali nucleari ignorando il risultato di un referendum popolare. Eppure i nostri dipendenti lo hanno fatto e sono partiti senza chiederci cosa ne pensavamo. Ma noi non ci siamo arresi. I cittadini sono scesi in piazza e hanno cominciato a raccogliere firme per indire un referendum abrogativo. La raccolta è iniziata nel maggio 2010 su iniziativa dell'Italia dei valori e del Movimento per l'acqua pubblica. Servivano 500.000 firme, ma il partito del sì (cioè il no al nucleare) ne ha raccolte due milioni: così tante che abbiamo costretto i nostri dipendenti a organizzare un referendum per tenerci stretta la conquista del 1987.

La battaglia da vincere ora è raggiungere il quorum del 50 per cento più uno. Nonostante gli ostacoli che ci stanno mettendo contro. A partire dalla data: la prima proposta era il 29 maggio, così si sarebbero accorpati l'eventuale ballottaggio delle amministrative – il cui primo turno è il 15 maggio – e i referendum. Avremmo potuto risparmiare 350 milioni di euro, nonché tempo ed energie ai singoli cittadini.

Lo sa bene il radioattivo Maroni che all'inizio di marzo ha presentato al Consiglio dei ministri il suo piano per scorporare gli eventi: primo turno delle amministrative il 15 maggio, ballottaggio il 29 e infine referendum il 12 giugno. Tre sfibranti turni di votazioni (e relative spese) in un mese e mezzo. Perché?

La verità è che il referendum fa paura ai partiti. Seppellirà insieme al nucleare anche la privatizzazione dell'acqua che ne è la sorella siamese. Il nucleare, infatti, non può esistere senza l'uso di enormi quantità di acqua che sono sottratte in prevalenza all'agricoltura. E l'acqua non può essere sottratta ai cittadini se è pubblica.

Accorpare in un solo giorno l'*election day* dovrebbe essere, prima di tutto, interesse dello Stato, come incentivo alla partecipazione alla vita istituzionale. Ma il ministro degli Interni, caparbio, ha confermato la decisione di separare «secondo una tradizione italiana che ha sempre distinto le due date». In realtà si tratterebbe di abolire un piccolo comma che impedisce che i referendum si tengano in contemporanea con le elezioni amministrative.

Alla Camera il voto del 16 marzo sull'accorpamento è terminato con 276 contrari e 275 a favore. Un risultato che ha accontentato tutti: il governo, perché non è passata la mozione, l'opposizione perché ha dato testimonianza di essere ancora in vita (?) e ha potuto esprimere la sua rabbia e indignazione attraverso il duo Bindi-Franceschini. Quest'ultimo ha detto: «È inaccettabile e incomprensibile... Non si è trattato di un no qualsiasi visto che con l'*election day* si sarebbe votato insieme sul legittimo impedimento, sul nucleare e sull'acqua. Intendo convocare l'ufficio di presidenza». Referendum che peraltro il Pdmenoelle non ha mai voluto, né sostenuto.

La colpa del mancato accorpamento che avrebbe fatto risparmiare centinaia di milioni agli italiani e avrebbe aumentato le probabilità di raggiungere il quorum è stata attribuita allo sciagurato Marco Beltrandi, radicale e pidimenoellino – paghi uno e prendi due – la cui confusione mentale traspare dalle parole per giustificare il voto: «Ho votato in dissenso dal Pd perché sono contrario al quorum e perché penso che l'election day sia un sotterfugio per aggirare la legge». Insomma ha votato no per dire sì, ma voleva dire forse.

Il dito puntato contro il capro espiatorio (qualcuno bisogna pur sacrificare) ha fatto passare in secondo piano l'assenza di dieci deputati pdimenoellini, otto del Fli e due dell'Idv. Le «Facce da nucleare» dell'opposizione sono: Capano, Cimadoro, Ciriello, D'Antona, Farina, Fassino, Fedi, Gozi, Madia, Mastromauro, Porcino, Samperi. Dov'erano questi signori pagati dagli italiani? Loro, insieme a chi ha votato a favore, sono responsabili di fronte alla nazione dell'eventuale mancato quorum. Della costruzione di centrali nucleari in Piemonte, Sardegna, Campania. Del futuro dei nostri figli. Non esiste giustificazione per la loro assenza.

COME E DOVE INFORMARSI: ELEMENTI DI RESISTENZA POLITICA E CIVILE

Diciamo le cose come stanno: leggere di nucleare equivale a non capire, parlarne equivale a litigare, cercare soluzioni significa trovarne di parziali. La materia è ampia, i punti di vista diversi e sfaccettati, ma la verità resta una sola. Ora, belìn, cerchiamo di venirne fuori con l'aiuto della Rete.

Su www.zonanucleare.com trovate un glossario che spiega il nucleare dalla A alla Z, per non farsi raggirare da quello che politici e imprenditori ci propinano. E capire di cosa stanno parlando davvero.

Le pagine di Legambiente (www.legambiente.it), di Greenpeace (www.greenpeace.org/italy/it) e del Wwf (www.wwf.it) contribuiscono a una visione completa e sempre aggiornata sull'argomento e dicono anche quello che ai nuclearisti farebbe comodo non sapessimo.

Per scoprire dove si trova il nucleare, e quindi dove non andare in vacanza, l'«Economist» ha realizzato un'ottima mappa interattiva sulle centrali di oggi e di domani. Chi smette, chi inizia, chi continua: www.economist.com/blogs/dailychart/2011/03/nuclear_energy_interactive_map.

Se invece volete riferimenti bibliografici e un archivio di rapporti annuali sui temi dell'energia e dell'ambiente, si può guardare il sito dell'Agenzia nazionale per le nuove tecnologie, l'energia e lo sviluppo economico sostenibile (Enea), www.enea.it.

Dossier, consigli e dati sulle conseguenze dell'esposizione alla radioattività si trovano sul sito dell'International Commission of Radiological Protection, (www.icrp.org): quali sono gli effetti e quando si manifestano, quali organi vengono colpiti e in che modo a seconda dei tempi e dell'intensità di esposizione. E poi ancora dati sui rischi, sulle manovre di emergenza, da come difendere gli animali a come salvare le piante.

Nel caso in cui vogliate conoscere anche la versione «ufficiale» dei signori del nucleare, ecco gli indirizzi web del Forum nucleare italiano (www.forumnucleare.it) e dell'International Atomic Energy Agency (www.iaea.org), l'organo dell'energia atomica mondiale, con sede a Vienna, che riunisce 151 Paesi membri: trovate update su possibili incidenti e abbondanti rassicurazioni per tutti.

Utili e illuminanti i libri di autori amici del blog come Jeremy Rifkin, che con *Economia all'idrogeno. La creazione del Worldwide Energy Web e la redistribuzione del potere sulla terra* (Mondadori, 2002) apre gli occhi sulle energie alternative. Lester Brown, presidente dell'Earth Policy Institute (www.earth-policy.org) e curatore dei rapporti annuali *State of the World*, ha messo a disposizione online il suo libro *Piano B. Mobilitarsi per salvare la civiltà* (www.indipendenzaenergetica.it/grilliromani). Si trova anche in libreria pubblicato da Edizioni Ambiente (2008) in collaborazione con il Wwf. Il recente *World on the Edge* è un resoconto dettagliato sulla salute del pianeta; purtroppo non è ancora stato tradotto.

Dai toni accesi, per le edizioni Arianna (2008), anche *Fermiamo Mr. Burns* di Roberto Bosio e Alberto Zoratti: smonta luoghi comuni, ripercorre le tappe più scandalose del business nucleare, puntando il dito contro i tanti Mister Burns, il famelico padrone della centrale nucleare dei Simpson, in Italia e nel mondo.

Per chi volesse la bibbia dell'energia, *Il nucleare non è la risposta* di Helen Caldicott (Gammarò, 2010), i cui proventi saranno investiti in impianti fotovoltaici in villaggi rurali di Paesi non industrializzati. Roberto Rossi completa il quadro con il recente *Bidone nucleare* (Bur, 2010), con il suo bilancio sul nucleare in Italia, avvallato dal parere dei maggiori esperti. Opinioni autorevoli si trovano anche in *Perché no al nucleare*, a cura di Flaminia Festuccia (Armando, 2010).

Testimonianza fondamentale è il dvd *Terra reloaded* (www.terrareloaded.it), un progetto nato dalla nostra collaborazione con Greenpeace: i mostri sacri della salvaguardia del pianeta – Joseph Stiglitz, Jeremy Rifkin, Lester Brown, Wolfgang Sachs e Mathis Wackernagel – spiegano come stiamo distruggendo il pianeta e lanciano l'ultimo appello prima che sia troppo tardi. Alla fine del documentario non avrete più alibi.

2

La balla della convenienza

Il nucleare conviene. Sì, ma a chi?

Tra le tante leggende create ad arte per convincerci che il ritorno al nucleare è una scelta sana e responsabile, c'è quella che riguarda i costi. «Il nucleare farà pagare meno l'energia elettrica» proclama il governo ai quattro venti. «Il nucleare richiede sì investimenti iniziali, intorno ai 4-5 miliardi di euro, ma poi produce energia elettrica a prezzi inferiori a quelli di tutte le altre fonti energetiche.»

Questa è la prima colossale balla atomica. Non è affatto vero che il costo aziendale dell'energia elettrica ottenuta con il nucleare sia inferiore a quello dell'elettricità realizzata con altre fonti.

Quando i media propinano questa presunta verità si omette sempre qualche particolare. Innanzitutto i costi di costruzione di una centrale sono molto più elevati di quanto viene annunciato nei comunicati ufficiali di Palazzo Chigi. Inoltre nelle spese complessive della gestione del nucleare bisogna includere quelle di smantellamento degli impianti e dei reattori alla fine della loro vita utile, poi il trasporto, lo stoccaggio e la messa in sicurezza delle scorie radioattive e del combustibile – sempre che si riesca a trovare il deposito idoneo.

Costi in libera impennata

Nel programma di governo viene garantito, nero su bianco, che la spesa per le centrali nucleari di terza generazione si aggira attorno ai 5 miliardi di euro. La cifra vale, appunto, solo sulla carta, se tutte le operazioni si svolgessero nel migliore dei modi e dei mondi possibili. Finora non è mai successo: i disguidi e i ritardi sono all'ordine del giorno. Basta guardare a quello che sta accadendo alla centrale di Olkiluoto in Finlandia, dove niente procede come stabilito e un impianto che doveva essere pronto nel 2009 non vedrà la luce prima del 2012, con un conseguente aumento esponenziale dei costi.

Oppure diamo un'occhiata alle cifre che arrivano dall'India, un Paese che fa molto affidamento sull'ultimo modello di centrali per mantenere il suo trend di crescita: ebbene i costi per allestire e mettere a regime i dieci reattori più recenti sono saliti del 300 per cento rispetto alle previsioni.

Rimanendo però al caso Italia, nel conto da presentare ai cittadini vanno messi tutti i soldi che *già* sono stati tolti dalle tasche degli italiani per «spegnere» le centrali dopo il referendum del 1987. Nelle attuali bollette c'è un surplus da pagare all'Enel e all'Ansaldo per il danno che avrebbero «subito» con la decisione di abbandonare il nucleare prima del previsto. Il totale è 7,6 miliardi di euro che peseranno sui contribuenti fino al 2021. Nonostante Sessa Aurunca fosse chiusa da cinque anni, le centrali di Trino e Borgo Sabotino fossero ormai arrivate a fine vita e quella di Caorso abbia funzionato un giorno sì e cento no. Forse l'Enel e Ansaldo avrebbero dovuto piuttosto ringraziarci per il no al nucleare che li ha tolti dai guai.

Grazie alla nuova ondata nuclearista, come abbiamo detto, l'Enel ha stipulato un accordo preliminare con Areva, la multinazionale dell'energia francese, per l'acquisto di quattro centrali nucleari da 1650 megawatt. Si tratta di reattori Epr (European Pressurized Reactor) che vengono raffreddati con l'acqua e comportano, tra i molti rischi collaterali, un possibile inquinamento delle falde. Gli oneri complessivi dell'operazione si aggirerebbero intorno ai 15 miliardi di euro. Giusto per iniziare: infatti, anche la dispendiosissima centrale finlandese di Olkiluoto ha reattori Epr dello stesso modello, e i costi di realizzazione sembrano lievitare all'infinito.

Una tecnologia nata morta

Secondo il Consiglio mondiale dell'energia, attualmente nel mondo sono in costruzione solo ventidue reattori, e di questi diciassette si trovano in Asia. La maggior parte dei progetti è di matrice cinese, indiana e russa. La notizia che più di tutte salta all'occhio è che per cinque reattori la costruzione è cominciata oltre vent'anni fa. Ed è tuttora molto complicato prevedere quando davvero verranno messi in funzione. Discorso simile vale per le centrali che si stanno costruendo in Europa.

Nel rapporto di Greenpeace sul nucleare si legge che in tutto il mondo ormai i progetti hanno sforato di molto il budget e i tempi di realizzazione. Progettare una centrale oggi significa vederla in funzione fra almeno una decina d'anni: in che modo un impianto operativo (forse) nel 2020 – come quelli promessi dallo psiconuke – potrebbe risolvere i problemi di approvvigionamento energetico, taglio alle spese e diminuzione delle emissioni inquinanti che sono ben più urgenti?

Se poi le fasi di costruzioni si dilatano troppo, c'è anche il rischio finanziario di perdere per strada gli investitori che non possono bloccare troppo a lungo i capitali. Così è successo alla Siemens, che era tra i sostenitori della centrale di Olkiluoto e ha rescisso il contratto perché aveva ormai perso ogni speranza di vederla in funzione.

A corroborare le tesi di Greenpeace arriva anche uno studio condotto dal Consiglio mondiale dell'energia. Secondo la loro analisi, in tutto il mondo i tempi di realizzazione – anche dei soli reattori nucleari di ultima generazione – sono aumentati quasi del doppio. Per quale motivo?

L'industria nucleare è sempre ben nutrita di fondi per la ricerca, progredisce molto rapidamente e gli sviluppi fanno sì che i reattori siano di anno in anno più complessi. Mentre un progetto è in costruzione, arriva la necessità di sistemare, adeguare, rivedere, cambiare, correggere: tutto, forse, a fin di «bene», per migliorare la sicurezza e l'efficienza, ma di fatto un impianto, quando nasce, è già in ritardo. Sulla tecnologia e soprattutto sulle esigenze di chi lo ha tanto voluto.

Inoltre al progresso tecnico non sempre corrisponde un'adeguata preparazione di chi deve gestire e sfruttare gli impianti. In particolare tra i politici, che spesso non sono davvero consapevoli di come andrebbe amministrata l'energia atomica e degli infiniti problemi che comporta. A partire dalla sicurezza civile e militare, perché una centrale sarebbe un ottimo obiettivo per terroristi e guerrafondai di ogni sorta e dovrebbe essere tenuta sotto stretta sorveglianza, sempre, ovvio, a spese dei contribuenti.

Nucleare made in Usa

L'obsolescenza e l'incapacità strutturale dell'energia atomica di stare al passo con i tempi è anche uno dei temi trattati da Lester Brown, una delle massime autorità del campo dell'ambientalismo. Il blog lo ha intervistato sull'(in)opportunità di tornare a investire sul nucleare: «Credo che negli Stati Uniti nessuno comperi più un reattore dal 1979. Il costo delle tariffe elettriche di una centrale nucleare dovrebbe comprendere i costi per lo smaltimento delle scorie, di un'assicurazione contro gli incidenti nucleari, di costruzione e di decommissioning dell'impianto. Negli Stati Uniti abbiamo scoperto che le spese di smantellamento di una centrale sono superiori a quelle di costruzione. Quando consideriamo la totalità dei costi, una centrale nucleare non esce nemmeno dalla scatola di montaggio: semplicemente non è competitiva».

La recente decisione del governo americano di concedere 8,3 miliardi di dollari come prestito garantito a un'impresa che intende costruire due reattori nucleari non cambia la situazione. Lo stanziamento è trascurabile rispetto ai fondi previsti per promuovere l'energia verde. Nella decisione di Obama inoltre ha avuto un peso notevole la lobby nucleare americana, capeggiata dalla Westinghouse – la potentissima industria leader del settore – che, volendo vendere all'estero i suoi reattori, deve pur costruirne qualcuno in patria.

La notizia conferma un'altra mancanza strutturale dell'energia atomica: non sta in piedi se non riceve aiuti statali. Una compagnia privata, per quando potente, non ha convenienza neanche a iniziare. Allora perché dovrebbero averla i cittadini?

I reattori comunque per il momento non partiranno. La Commissione di sicurezza americana ha riscontrato difetti nei progetti della Westinghouse e non ha dato il via libera alla costruzione. Anziché essere contenti di non avere una bomba pronta a esplodergli in casa, l'ufficio del Bilancio del Congresso ha manifestato preoccupazione perché c'è un'alta probabilità che il progetto fallisca e vada così perduto l'investimento. I cittadini potrebbero prima o poi chiedere conto di quegli 8,3 miliardi di dollari buttati via.

Disimparare dall'esperienza

Non prendiamoci in giro: il nucleare non è *una* delle possibili strade da percorrere, che si affianca allo sviluppo parallelo e indipendente delle altre energie. Investire nell'atomo significa bloccare gli investimenti nelle altre fonti, come le rinnovabili, soprattutto per i Paesi con un'economia in crisi come il nostro. Il nucleare continua a pretendere e assorbire risorse, impegno, tempo, cervelli. Sembra per molti aspetti un buco senza fondo che non restituisce nulla indietro.

È interessante l'analisi di Mario Agostinelli per «il Fatto Quotidiano» a proposito delle cosiddette «curve di apprendimento». Quando arriva una nuova tecnologia, infatti, nel momento in cui si incrementa il suo volume di produzione si osserva una progressiva parabola decrescente dei costi medi unitari. Più tempo le imprese esistono sul mercato, maggiori sono le competenze che accumulano, più rapidi sono i miglioramenti, le ottimizzazioni e così via. Per questo motivo, più si afferma una tecnologia più i costi di produzione calano. Vale per le auto, per i computer, per i telefoni cellulari ma anche per le centrali eoliche e per il fotovoltaico.

Esistono rari casi di «apprendimento negativo», per cui con il passare del tempo i costi, anziché diminuire, aumentano. Ed è proprio il caso dell'industria nucleare. La ragione principale è la complessità della realizzazione del ciclo energetico e la messa in sicurezza degli impianti, ma soprattutto i costi dovuti al trattamento, lo smaltimento e lo stoccaggio delle scorie. Il nucleare è uno dei pochi esempi di apprendimento al contrario: più si va avanti meno conviene.

I costi di smantellamento

Come sempre in Italia è meglio sbandierare i presunti vantaggi piuttosto che riflettere sui reali problemi. Avete mai sentito qualcuno dei nostri dipendenti affrontare il tema delle spese di smantellamento delle centrali? No, perché è uno degli aspetti più dolorosi per la salute e il portafoglio.

La ragione del silenzio è la malafede di chi dal nucleare ha solo da guadagnarci, ma anche la scarsità di dati certi. Quelli che abbiamo sono in molti casi soltanto preventivi, visto che le operazioni di dismissione in genere si prolungano per anni. Un po' per la complessità del processo in sé, un po' per una carenza di fondi cronica perché, come tutti i preventivi, anche questi sono destinati a gonfiarsi e non sempre le imprese sanno far fronte alle spese che si accumulano.

In generale, la vita media di una centrale di prima e seconda generazione è tra i venti e i trent'anni, e per quelle più recenti può arrivare al massimo a quaranta-sessant'anni; dopodiché ci si ritrova tra i piedi una carcassa radioattiva, pericolosa e inutilizzabile per decine se non centinaia di anni. Un conto davvero troppo salato da lasciare in eredità alle generazioni future.

A oggi, la dismissione delle quattro centrali nucleari presenti sul territorio italiano è costata all'incirca 2,5 miliardi di euro ed è ben lontana dalla fine. Secondo la Sogin, la società responsabie dello smantellamento, i lavori si concluderanno entro il 2014, ma è meglio non farci affidamento: già si tratta di una data rivista – prima il termine era il 2010 – e in più il processo va avanti con difficoltà, tra le polemiche degli ambientalisti per i metodi scelti. Ogni ritardo comporta comunque un aumento dei costi: a quanto arriveremo alla fine?

La lentezza delle procedure di smontaggio è dovuta alla cosiddetta «radioattività latente» presente nei vari elementi che costituiscono il reattore. A volte bisogna aspettare anche decenni prima di poter maneggiare le parti coinvolte nella produzione di energia.

Non va di certo meglio in Francia, dove la dismissione della centrale Superphénix di Creys-Malville, rimasta attiva per soli nove anni, è costata ai contribuenti francesi 4 miliardi di euro, e ancora non è possibile stabilire quando sarà portata a termine. Secondo un rapporto pubblicato dall'Ocse nel 2003, mediamente lo smantellamento di un reattore arriva a costare tra i 200 e 400 dollari per ogni chilowatt prodotto, fino a punte di 2600 dollari per i reattori raffreddati a gas.

Naturalmente ci sono poi tutta una serie di costi che è impossibile quantificare, prima fra tutti l'impatto ambientale. Cosa ne sarà dei terreni in cui un tempo era attivo un reattore nucleare? Verranno riportati alla loro situazione originaria? Sarà possibile bonificarli e in quanto tempo? E se sì, cosa ne facciamo? Una zona industriale, agricola, residenziale? Chi se la sentirebbe di mangiare i prodotti di campi che sono stati (?) radioattivi, o di andare a viverci?

Tutti questi problemi fino a pochi anni fa erano del tutto sottovalutati, se non addirittura ignorati. Oggi però diventano urgenti, perché sono sempre di più le centrali che si avvicinano al termine del loro ciclo produttivo.

L'Inghilterra, che è stata uno dei Paesi pionieri per lo sviluppo e l'utilizzo del nucleare civile, nel 2005 ha istituito la Nuclear Decommissioning Authority per censire i reattori a fine vita e progettare le fasi di eliminazione. Gli inglesi si trovano sulle spalle trentanove reattori, cinque impianti di riprocessamento del combustibile e alcuni siti di ricerca ormai chiusi. L'Authority ha stimato un costo di 55,8 miliardi di sterline (che equivalgono a quasi 90 miliardi di euro). Una vera e propria montagna di denaro, soprattutto considerando che se ci fossero incidenti, queste spese sarebbero destinate a crescere ulteriormente.

Oltreoceano la situazione è altrettanto complicata e costosa. Negli Stati Uniti sono più di venti i reattori in attesa di smantellamento e, secondo la Nuclear

Regulatory Commission, mettere in sicurezza e portare a termine la dismissione costerebbe tra i 280 e i 612 milioni di dollari a impianto. Attualmente il governo federale ha già imposto a ogni chilowatt/ora prodotto un sovrapprezzo di quasi due centesimi di dollaro da accantonare per le spese di dismissione. Così facendo sono stati incassati finora 23,7 miliardi che però sono ben lontani dal coprire i costi complessivi dell'intero parco di centrali – 104 – che pian piano chiuderanno il loro ciclo di vita.

Come sempre si tratta comunque di calcoli ottimistici: se nella dismissione qualcosa dovesse andare storto, o se gli impianti presentassero problemi inaspettati, il banco salterebbe. Basta prendere come esempio quanto accaduto alla centrale di Three Mile Island dove è avvenuto il più grave incidente nucleare della storia degli Stati Uniti. Per smantellare il reattore dell'incidente occorrerebbero 805 milioni di dollari.

Una montagna di rifiuti

Anche i nuclearisti più convinti devono ammettere che le scorie sono il grande scoglio davanti al quale la loro zattera di affaristi rischia di affondare definitivamente. A parte i depositi che nessuno vuole, quanto peserebbero sull'erario il trasporto, lo stoccaggio e la gestione di tutto il materiale radioattivo di scarto? Guardando all'estero, negli Stati Uniti esistono circa centoventi depositi di scorie distribuiti in quasi tutto il territorio federale. A questi se ne aggiungono due sotterranei – uno in Nevada e uno in New Mexico – che avrebbero dovuto essere definitivi e si sono poi rivelati inadatti a preservare le scorie nei secoli, mandando in fumo i miliardi di dollari già investiti nella realizzazione.

Anche per quanto riguarda la gestione dei rifiuti radioattivi italiani bruciamo montagne di denaro, centinaia di milioni di euro.

Secondo il dossier dei Verdi sul nucleare, il lascito di rifiuti tossici delle centrali italiane ammonta a oltre 100.000 metri cubi, sparsi un po' dappertutto. Queste scorie, oltre a rappresentare una spada di Damocle per quanto riguarda potenziali incidenti ambientali, gravano sui conti pubblici per centinaia di milioni l'anno e aumentano di circa 1000 metri cubi ogni dodici mesi perché si aggiungono i materiali contaminati per utilizzi medici e industriali. Una quantità enorme. Come potremmo gestire le scorie delle nuove centrali se ancora non sappiamo cosa fare di quelle vecchie? E soprattutto: in un Paese che lascia Napoli affogare nella spazzatura ordinaria, quali speranze ci sono che i rifiuti radioattivi vengano gestiti correttamente, senza oneri aggiuntivi per le nostre tasche, la salute e l'ambiente?

Dal blog Jeremy Rifkin lancia il suo ammonimento: «Gli Stati Uniti hanno straordinari scienziati e hanno investito otto miliardi di dollari in diciotto anni per stoccare i residui all'interno della Yucca Mountain dove avrebbero dovuto restare al sicuro per quasi diecimila anni. Bene, hanno già cominciato a contaminare l'area nonostante i calcoli, i fondi e i superingegneri. Davvero l'Italia crede di poter far meglio? L'esperienza di Napoli non autorizza troppo ottimismo. E questa volta i rifiuti sarebbero nucleari, con conseguenze inimmaginabili».

Il nucleare in bolletta

Uno dei cavalli di battaglia dello psiconuke è che il nucleare produce energia a basso costo e di conseguenza le nostre bollette saranno meno salate. Nel settembre 2010 lo studio Ambrosetti ha presentato al Forum di Cernobbio un dossier commissionato da Enea ed Edf per convincere l'opinione pubblica che il ritorno al nucleare sarebbe stato il balsamo miracoloso per risollevare l'economia italiana. Peccato che si tratti dall'ennesima balla atomica. Si prevede infatti che i costi di produzione da energia nucleare saranno 60 euro ogni megawatt/ora. Eppure le stime del governo statunitense sono del tutto diverse: nel 2020 pagheremo l'elettricità derivata dal nucleare ben 86 euro ogni megawatt, per cui sarà più costosa dell'energia derivante dal gas e dal carbone, ma anche da fonti rinnovabili come l'eolico.

A smentire ulteriormente i trionfalismi dei nuclearisti ci pensano i dati della Fondazione sviluppo sostenibile. Secondo il loro dossier l'elettricità delle centrali nucleari costa ben il 16 per cento in più rispetto a quella prodotta dalle centrali a gas, e arriviamo addirittura al 21 per cento in più prendendo in considerazione le centrali a carbone. Dati di parte? L'analisi si basa su otto studi pubblicati dall'Agenzia nucleare dell'Ocse, dall'ufficio del Bilancio del Congresso americano, dal dipartimento dell'Energia statunitense, dal Massachusetts Institute of Technology, dalla Commissione europea, dalla Camera dei Lords, dall'Electric Power Research Institute e da Moody's: non certo il fior fiore del pensiero verde, insomma.

Andando più nello specifico, il costo dell'elettricità prodotta grazie alle centrali nucleari mediamente arriva a 72,8 euro per ogni megawatt/ora, contro i 61 euro per le centrali a gas e i 57,5 delle centrali a carbone. I vari studi convergono su un'unica conclusione: l'elettricità che deriva dall'atomo non regge il confronto economico con quella proveniente da altre fonti. In Italia, poi, sarà ancora più cara: ai costi di produzione veri e propri vanno aggiunti quelli per costruire gli impianti e per l'importazione dell'uranio.

Alternative al petrolio: il nucleare non conviene

Fonte	*Costo (euro per megawatt/ora)*
Nucleare	72,8
Gas	61,0
Carbone	57,5

Dati: Fondazione sviluppo sostenibile

Inoltre lo psiconuke, nel suo piano di sviluppo, vorrebbe arrivare a produrre circa 100 terawatt complessivi, di cui 13.000 megawatt di nuove centrali da realizzare entro il 2030; in una fase di crisi economica come quella che stiamo attraversando, con indici di crescita di poco sopra lo zero, sarebbe un inutile esempio di gigantismo. Anche perché contemporaneamente al nucleare, i piani ufficiali prevedono di sviluppare il comparto delle rinnovabili, di attivare nuove centrali a gas e a carbone, con un incremento di almeno 10.000 megawatt entro il 2020.

Ammesso che si riesca a finanziare tutti questi interventi, il rischio è quello di produrre energia in eccesso, un inutile surplus che avrebbe anche l'aggravante di incrementare la produzione di agenti inquinanti. Tanta abbondanza per chi e per cosa? Anziché correre dietro a una richiesta esorbitante e spesso ingiustificata di energia, non sarebbe meglio valutare i motivi di questo fabbisogno e lavorare su un'ottimizzazione? Consumare meno e consumare meglio dovrebbe essere il motto del futuro.

Nucleare senza fine. Neppure di lucro

Per i nuclearisti che obiettano che i costi sono alti perché noi italiani «siamo indietro sul nucleare», ci sono i dati di Paesi che da anni hanno puntato sull'atomo, come gli Stati Uniti. Secondo un'analisi svolta dal dipartimento dell'Energia, il nucleare è la fonte energetica più costosa nonché quella che necessita di maggiori sussidi statali. Un chilowatt/ora prodotto dai reattori, anche di ultima generazione, costa ai contribuenti americani 0,61 dollari. Decisamente meno quando invece l'energia viene prodotta da altre fonti: 0,49 dollari dal gas, 0,53 dollari dal carbone, 0,50 dall'eolico. Risultati del tutto analoghi sono stati presentati anche da ricercatori dell'Università di Chicago e del Massachusetts Institute of Technology. Se consideriamo che queste cifre non tengono neppure conto dei costi di decommissioning degli impianti e del trattamento delle scorie, ci si rende benissimo conto che il nucleare è un investimento a perdere.

Per il ventennale della catastrofe di Chernobyl si è svolto a Roma un convegno promosso da Greenpeace, Legambiente e Wwf con l'obiettivo di analizzare in maniera più approfondita quanto costi realmente la produzione di energia dal nucleare, partendo da un punto fondamentale: il contributo al fabbisogno energetico fornito dalle centrali atomiche è solo del 6,5 per cento e, secondo l'Agenzia internazionale dell'energia, entro il 2030 si ridurrà fino al 4,5 per cento.

Il rapporto mette in luce una verità economica che dovrebbe scoraggiare qualunque imprenditore: il mercato stesso è contrario al nucleare. Semplicemente non conviene investirci, perché i fondi restano immobilizzati per anni e se rendono lo fanno solo sul lungo periodo. L'investimento è ingente e il guadagno – ad assumersi tutti gli oneri – non esiste. Senza contare i numerosi imprevisti e il pericolo di incidenti con conseguenze, anche economiche, disastrose. Moody's ha stimato che le società che investono nell'atomo vedono il loro rating – la capacità di far fronte ai debiti – calare del 25-30 per cento.

Ma se le cose stanno così, chi paga? In tutto il mondo sono i governi che coprono i rischi di investimento negli impianti e le aziende investono sul sicuro. Partecipano agli utili e li scorporano da eventuali fattori di pericolosità. Questo meccanismo perverso si inceppa dove i mercati energetici sono del tutto liberalizzati: i maggiori costi di realizzazione degli impianti, tempistiche, rischi e antieconomicità hanno da tempo insegnato agli imprenditori che il nucleare è un investimento con un rischio troppo alto e senza nessun tornaconto. Persino gli affaristi che guardano solo al lucro, del nucleare non sanno che farsene.

Un caso fra tanti: la centrale finlandese di Olkiluoto

Il cosiddetto rinascimento nucleare tanto sbandierato dal governo Berlusconi rischia di naufragare prima del previsto. Per avere una vaga idea di quello cui stiamo andando incontro basta rispecchiarsi nella vicenda della centrale finlandese di Olkiluoto, non lontano da Helsinki. Qui è in fase di costruzione uno dei più grandi reattori nucleari mai progettati. La struttura attualmente supera i sessanta metri e a fine lavori (quando e se finiranno) sarà capace di mettere in rete 1600 megawatt di energia. Sono migliaia le persone impiegate in quest'opera mastodontica in cui hanno investito Areva, la multinazionale francese leader in campo nucleare, e inizialmente la Siemens, il colosso della tecnologia. Il reattore è un Epr in tutto e per tutto simile a quelli che dovrebbero essere messi in funzione in Italia, sempre con la partecipazione di Areva.

A Olkiluoto niente sta andando per il verso giusto e a confermarlo ci pensa anche l'ex ministro dell'Ambiente finlandese Kimmo Tiilikainen. Si sono accumulati oltre tre anni di ritardo nella messa in opera: la centrale sarebbe dovuta partire nel 2009, ma molto probabilmente si arriverà oltre il 2012. Questo ha ovviamente comportato un incremento dei costi: dai 3 miliardi di euro previsti, oggi si sono sforati i 5.

L'aspetto più grave di tutta la vicenda riguarda il capitolo sicurezza. Nella costruzione dell'impianto sono state riscontrate irregolarità di ogni tipo. Per esempio, nel 2005 la composizione del cemento alla base del reattore è stata cambiata arbitrariamente e, due anni dopo, si è scoperto che l'involucro del reattore era stato saldato in maniera approssimativa e senza i dovuti controlli. Le saldature poi sono state realizzate a mano e, addirittura, alcune non hanno retto a un temporale. Non si può nemmeno immaginare cosa sarebbe successo se quell'incidente fosse accaduto a centrale attiva. È a questi sistemi che vogliamo affidare la nostra sicurezza in caso di terremoti? Se non ce l'hanno fatta i giapponesi e non ne sono capaci i finlandesi, perché dovremmo riuscirci noi?

Ancora: nonostante le aziende responsabili della costruzione non avessero trovato nulla di anomalo, alcuni elementi necessari alla pressurizzazione non hanno funzionato ai primi test e sono stati sostituiti in toto.

Si sono inoltre riscontrati errori di progettazione nelle fondamenta dell'edificio, rivelatesi troppo porose e a rischio di infiltrazioni. Anche i tubi del circuito di raffreddamento sono risultati scadenti, tanto da rendere rischiosi persino i test.

Dà un quadro preciso della situazione Giuseppe Onufrio di Greenpeace: «Il progetto non è mai stato approvato perché il sistema di emergenza non soddisfa i requisiti minimi della sicurezza nucleare. Cioè quali? Non deve essere collocato fisicamente nello stesso posto dove c'è il sistema di normale funzionamento perché, in caso di incidente, se salta l'uno rischia di saltare anche l'altro». L'autorità di sicurezza finlandese e i costruttori francesi di Areva si sono palleggiati la responsabilità finché «l'autorità di sicurezza finlandese ha trovato 2100 non conformità nel cantiere».

A questo si aggiunge lo scandalo delle condizioni di lavoro dei tremila operai, principalmente di provenienza polacca e lituana, perché costano meno: 1000 euro al mese per lavorare otto ore al giorno è una cifra a cui non possono rinunciare. Nessuno però ha spiegato loro la delicatezza e la pericolosità dell'incarico, né si è preoccupato di una formazione specifica. C'è poco da meravigliarsi poi se la centrale scricchiola: l'unica speranza è che le crepe vengano tutte fuori prima che entri in funzione.

L'apparente disinteresse di Areva per ciò che concerne i sistemi di controllo e di protezione ha permesso agli ambientalisti, Greenpeace in testa, di far revocare l'autorizzazione a continuare i lavori.

«Abbiamo dato l'allarme già nel 2005 sul fatto che la progettazione del prototipo francese era inadeguata e che il rispetto delle norme di sicurezza nucleare non era provato» ha raccontato Lauri Myllyvirta responsabile della campagna energia di Greenpeace in Scandinavia. «Areva ha approfittato dell'atteggiamento naïf delle autorità finlandesi e ha preso scorciatoie in ogni fase della costruzione.»

Giuseppe Onufrio rincara la dose: «Areva non manca mai di propagandare a tutto il mondo che il suo reattore mai completato è sicuro, ma a quanto pare, le strutture di sicurezza essenziali esistono solo nei depliant pubblicitari. Questo caso dovrebbe dare la sveglia anche agli altri Paesi che, come l'Italia, pensano di adottare la stessa tecnologia e fare affari con Areva».

La gemella di Olkiluoto a Flamanville, in Francia, non gode di miglior salute. Nel marzo del 2010 l'organizzazione Sortir du nucléaire ha reso pubblici i documenti interni della società Edf sul suo reattore Epr. Nel progetto risulta che è possibile «adattare la potenza del reattore alla richiesta istantanea della rete», ma in questo modo si potrebbe generare il rischio di esplosioni. L'urgenza di portare a regime il reattore nel minor tempo possibile e dimostrare quanto gli investimenti in tal senso siano giusti e opportuni, rischia quindi di trasformarsi in un'ecocatastrofe inimmaginabile.

Inoltre dal 2010 il piano finlandese è seppellire i rifiuti nucleari a elevata radioattività nella stessa isola di Olkiluoto, sulle coste del mar Baltico e in parte direttamente sotto il mare. Se il contenimento fallisse, i rifiuti radioattivi contaminerebbero il mar Baltico in un tempo stimato tra i cinquanta e i cento anni.

BOLLETTA NUCLEARE: QUANTO CI COSTA L'ATOMO

Cosa paghiamo realmente con le bollette che periodicamente ci ritroviamo nella nostra cassetta delle lettere? Andando a spulciare tra le varie voci ci si rende conto che il costo dell'energia ammonta solo al 30 per cento del totale. E il resto allora? Circa il 22 per cento serve per ammortizzare i servizi di gestione della rete. Un altro 14 per cento sono le imposte, che non mancano mai. Poi c'è l'inevitabile ricarico che va agli operatori e che prende circa il 10 per cento.

Infine c'è una quota che varia dal 3 al 5 per cento che è da attribuire alla cosiddetta «componente A3». Questa, si legge dal sito dell'Autorità per l'energia, è «destinata a promuovere la produzione di energia da fonti rinnovabili e assimilate mediante un sistema di incentivi che garantiscono una remunerazione certa per l'energia prodotta e agevolazioni per l'allacciamento degli impianti alla rete». Per fare un esempio, la Germania destina alle fonti rinnovabili il 10 per cento del prezzo fatturato in bolletta.

In Italia, invece, quel 3-5 per cento della componente A3 viene ulteriormente suddiviso: il 35 per cento viene assorbito dai certificati verdi – gli incentivi per l'energia elettrica prodotta da fonti rinnovabili – ritirati dal Gestore del servizi energetici, l'ente creato dal ministero dell'Economia per la promozione dello sviluppo sostenibile. Il 31 per cento va a finanziare il sistema del Cip6, cioè la delibera del Comitato interministeriale con cui sono stabiliti i prezzi incentivati per l'energia prodotta con impianti alimentati da fonti rinnovabili e assimilate. E dietro la parola «assimilate» sappiamo che si nasconde anche l'energia prodotta dagli inceneritori dei rifiuti, con tutti i loro strascichi tossici e inquinanti. Finora le assimilate si sono mangiate la quota più grossa, togliendo di fatto fondi per lo sviluppo dell'energia verde. Secondo la relazione dell'Autorità per l'energia elettrica e il gas del 2009, su 4204,2 milioni di euro raccolti per gli incentivi Cip6 (di cui 1900 presi direttamente dalle nostre tasche), solo 1268,1 sono andati alle fonti rinnovabili.

Spingendoci ancora più a fondo nell'analisi delle scritture presenti in bolletta, troviamo un'ulteriore sorpresa: all'interno della componente A3 paghiamo la voce A2. Copriamo cioè i costi per lo smantellamento delle nostre centrali nucleari ormai dismesse, le spese per la chiusura del ciclo del combustibile nucleare e finanziamo le misure territoriali che la legge impone a favore dei siti delle centrali e degli impianti del ciclo del combustibile nucleare. Non abbiamo ancora finito di pagare vecchi debiti che già ci troviamo a contrarne di nuovi.

Le stime del 2007 indicano che i costi per lo smantellamento dei siti nucleari sono arrivati alla stratosferica cifra di 500 milioni di euro l'anno. Se li intasca la Sogin che finora di risultati ne ha prodotti pochini. È nata nel 1999 e oggi conta ottocento dipendenti, ma in undici anni di attività non è andata oltre un decimo del suo programma costitutivo. Colpa degli ambientalisti che «mettono sempre i bastoni tra le ruote», certo, ma anche di una difficoltà reale e strutturale dovuta a fondi, tempistiche e pericoli. Se smantellare in sicurezza è così difficile, quanto mai potrà esserlo costruire in sicurezza?

3

Te la do io la sicurezza

Il disastro naturale

L'11 marzo 2011 alle 14.45 (ore 6.46 in Italia), un terremoto di magnitudo 8,9 ha investito il Giappone. Il più forte mai registrato là, il quarto più potente di sempre, in grado di spostare l'asse della Terra di dieci centimetri. La scossa è durata oltre cinque minuti. Con epicentro in mare (a 24,4 chilometri di profondità), distante circa 373 chilometri dalla capitale Tokyo, il terremoto ha innescato una serie di tsunami. «Tsunami» è un termine giapponese, significa «onda contro il porto». All'inizio indicava solo il frangersi sulla costa di un'onda anomala generata da un terremoto sottomarino o da spostamenti del fondale di altra origine, ma dopo il disastro del Sudest asiatico del 2004 per tutti questa parola è diventata sinonimo di maremoto.

Lo tsunami ha investito le coste giapponesi con onde alte fino a 10 metri, che avanzavano all'incredibile velocità di 750 chilometri orari. Più di 650 chilometri di fascia costiera devastati e un disastro di proporzioni inaudite: 10.000 vittime, 18.000 dispersi, interi villaggi rasi al suolo, 5 milioni di case senza elettricità, un milione senza acqua corrente, per non parlare dei danni alle infrastrutture. Anche le attività economiche del Paese si sono fermate per mancanza di corrente. Il 13 marzo il primo ministro Naoto Kan ha dichiarato che il Paese deve affrontare «la crisi più grande dopo la Seconda guerra mondiale».

A Tokyo, nonostante la grande paura che ha riversato per strada milioni di persone, i danni non sono stati molti: pochi crolli, aeroporti chiusi per alcune ore e qualche piccolo focolaio d'incendio qua e là. Solo lo smacco di vedere l'antenna simbolo della città e della ricostruzione postbellica, la Tokyo Tower, piegarsi a causa delle scosse.

Le aree più colpite, infatti, sono state la prefettura di Fukushima – dove almeno 1800 case sono state spazzate via e la diga di Fujinuma si è spezzata in due, riversando l'acqua a valle e cancellando l'intera città di Sukagawa – e quella di Miyagi. Qui il capoluogo Sendai è stato devastato e almeno 60.000-70.000 persone sono state evacuate; l'acqua ha sommerso gli edifici delle zone residenziali, livellando ogni cosa al suo passaggio, ammassando barche, container, veicoli e alberi; quattro treni sono scomparsi nel nulla e decine di imbarcazioni sembra siano state inghiottite dai flutti. Sulla spiaggia di Sendai sono stati ritrovati più di duecento cadaveri.

Il disastro nucleare

Mentre la terra continuava a tremare, a Fukushima è stata dichiarata l'emergenza nucleare. Di solito si attiva questa misura in caso di fughe radioattive da centrali o di avarie nel sistema di raffreddamento. In un primo momento, sulla base di diversi annunci ufficiali, tra i quali anche quello del portavoce del governo Yukio Edano, si pensava che la situazione sarebbe presto tornata alla normalità. Ma quando si è iniziato a parlare di liberare vapore radioattivo nell'atmosfera a causa dei gravi problemi al sistema di raffreddamento dei reattori, e dell'urgenza di evacuare la zona per un raggio di 3, poi 10 e infine 20 chilometri intorno alla centrale di Fukushima, a quel punto era chiaro che era in corso una seconda Hiroshima.

Ma cos'è successo esattamente? Dopo la scossa dell'11 marzo la centrale elettronucleare Fukushima Daiichi, situata nella città di Ōkuma nel distretto di Futaba, ha subito ingenti danni che hanno messo fuori uso il sistema di raffreddamento e, a distanza di circa 24 ore, durante una scossa di assestamento, provocato un'esplosione negli edifici di servizio del reattore numero 1. Dei sei reattori della centrale il 4, il 5 e il 6 in quel momento erano inattivi per manutenzione. Allo scoppio, avvenuto nel pieno di una procedura di decompressione, è seguita la dispersione di fumo bianco, presumibilmente vapore dei liquidi di raffreddamento in condizioni di soprapressione. Il tetto dell'edificio è crollato insieme ad alcune strutture esterne. Contrariamente a quanto diffuso dai media in un primo momento, il reattore invece non è esploso, né è crollata la gabbia di contenimento. Si stima che il 70 per cento del nocciolo possa essere danneggiato. Come misura di raffreddamento di emergenza, si è pompata acqua marina addizionata di boro, in grado di assorbire i neutroni e arrestare la reazione a catena.

Dopo l'incidente al reattore numero 1, è stato il numero 3 a entrare in crisi: l'acqua non copriva più le barre di combustibile, al punto che si è temuta una nuova esplosione, e addirittura la fusione. Il problema è che a differenza del primo reattore, alimentato con normali barre di uranio, il numero 3 funziona con un tipo di combustibile altamente nocivo, il Mox, formato da una miscela di uranio e plutonio, e di conseguenza il fallout radioattivo sarebbe due volte peggiore. Il 23 marzo ci sono state alcune fuoriuscite di fumo nero dal reattore e l'Agenzia nucleare giapponese ha comunicato che il nucleo potrebbe essere squarciato: «È assai probabile che ci sia una fuoriuscita al reattore 3» ha dichiarato Hidehiko Nishiyama, portavoce della Japan Nuclear and Industrial Safety Agency a Tokyo.

Quel che è certo è che anche il reattore numero 3 è stato gravemente danneggiato da un'esplosione, ci sono stati danni al contenitore, alle condotte idriche e alle valvole, il livello di iodio radioattivo nell'acqua di Tokyo ha superato i valori fissati per il consumo dei bambini (rispetto al limite massimo di assunzione di 100 becquerel il livello è arrivato a 250 e se raggiungerà quota 300 l'acqua del rubinetto sarà proibita anche agli adulti) e il premier giapponese Naoto Kan ha invitato i giapponesi a non consumare nessun ortaggio proveniente da Fukushima.

Ma non è tutto. Secondo quanto riferito dall'Agenzia per la sicurezza nucleare, anche nel reattore numero 2 la radioattività dell'acqua è estremamente elevata. I dati confermano la parziale fusione del nocciolo e mettono in allerta per un leggero aumento della temperatura. Anche in questo caso si è pompata acqua da un tunnel sotterraneo nella vasca di raffreddamento, acqua con valori di radioattività 10.000 volte superiori al normale. Inoltre i tentativi di bloccare una fuoriuscita da una crepa di venti centimetri sono falliti e dal reattore è stata sversata in mare un'enorme quantità di liquido contaminato.

Dei reattori spenti al momento del terremoto e dello tsunami, invece, soltanto il numero 4 desta preoccupazioni perché ha lasciato uscire fumo bianco. Si è cercato di riparare la strumentazione e di iniettare acqua di mare per raffreddare il combustibile rimasto all'interno.

A una decina di chilometri dall'impianto danneggiato se ne trova un altro, la centrale Fukushima Daini. La Tokyo Electric Power, la società proprietaria, ha ammesso di avere problemi di raffreddamento nei reattori 1, 2 e 4, perché non riesce più a controllare temperatura e pressione. Problemi e necessità di raffreddamento d'urgenza hanno coinvolto, dopo un incendio e una fuoriuscita di vapore controllata, anche il reattore della centrale nucleare di Onagawa. La cosa peggiore è che secondo alcuni esperti, il raffreddamento forzato dei reattori ad acqua di mare potrebbe alla lunga portare alla corrosione delle strutture e al loro precoce smantellamento. Come ha giustamente detto Günther Oettinger, commissario europeo per l'energia: «In Giappone si parla ormai di apocalisse. Praticamente tutto è fuori controllo, non escludo il peggio nelle ore e nei giorni che vengono».

La nube radioattiva

In seguito ai vari incidenti, il livello di gravità è stato innalzato dall'iniziale 4 al massimo di 7. Uno studio commissionato da Greenpeace Germania a Helmut Hirsch, esperto di sicurezza nucleare, ha rilevato che la quantità totale di radionuclidi di iodio-131 e cesio-

137, rilasciata a Fukushima tra l'11 e il 13 marzo, equivale al triplo del valore minimo per classificare un incidente come livello 7, raggiunto in precedenza solo a Chernobyl. Ma mentre l'incidente della centrale nucleare sovietica aveva coinvolto un solo reattore, a Fukushima «si ha avuto rilascio di radioattività da quattro reattori. Sommando i rilasci di radiazione da tutti i reattori dell'impianto di Fukushima Daiichi, ovvio che si sia raggiunto il massimo della scala Ines».

Dopo l'esplosione nel primo reattore, il livello di radiazioni vicino alla centrale era compreso tra 1 e 1,5 millisievert/ora (il sievert è l'unità di misura degli effetti delle radiazioni sull'organismo). Di norma un individuo è esposto a 2-4 millisievert di radiazioni in un anno. Dopo le successive esplosioni, il livello è aumentato fino a 400 millisievert, la soglia in cui cominciano a presentarsi problemi per la salute. Greenpeace è particolarmente preoccupata per gli effetti che la ricaduta radioattiva avrà su un Paese ad alta densità di popolazione come il Giappone. Il grosso della nube di Chernobyl ha colpito la Bielorussia, che ha una densità abitativa di 40 persone per chilometro quadrato. Il Giappone ha una densità media di 340 persone, l'area di Tokyo supera le 6000 persone.

E comunque le nubi non si fermano. Tra il 24 e il 25 marzo infatti una concentrazione di radionuclidi è giunta fino in Europa, per fortuna molto diluita. Sulla Francia e sull'Italia del nord, il cesio-137 presente nell'aria è stato misurato intorno allo 0,001 becquerel per metro cubo, cioè da mille a tremila volte inferiore a quanto rilevato nell'Italia settentrionale a inizio maggio 1986 dopo l'incidente di Chernobyl.

Ma Fukushima ha acceso la spia di sorpasso. Dopo il livello 7 che altro c'è? Cosa ci aspetta? C'è un livello 8, un livello 9? Lo sapremo solo vivendo. Un disastro nucleare, ambientale di questa portata non è mai successo nella Storia. Ipotesi verosimili prevedono una contaminazione sempre più estesa verso la grande Tokyo. Il Giappone si trasformerebbe in una Nuova Atlantide alla luce del sole. Il nocciolo sta fondendo. Sta penetrando nel terreno e se incontrerà delle falde acquifere esploderà rilasciando nell'aria una nuvola da far impallidire *La nuvola nera* del romanzo di Fred Hoyle. La nuvola andrà dove la porterà il vento, in Corea e in Cina, oppure in California dove sono già state trovate tracce di radioattività nel latte.

Fukushima non è un problema dei giapponesi, è un problema dell'umanità. L'Onu ha trovato il tempo per far bombardare la Libia, ma non per affrontare le conseguenze di Fukushima. Il mondo è dominato da lobby a scopo di lucro. Il nucleare rende bene, così bene che Fukushima è scomparso dall'informazione. Non sta bene parlare del morto in casa, fa scappare i clienti e gli inserzionisti, come l'Eni e l'Enel, per fare degli esempi, o il codazzo delle imprese che fa riferimento a Scajola e alla Marcegaglia. Una parte del Giappone è morta per sempre. Fa impressione sentire queste parole: «Per sempre», le sentiamo, ma istintivamente le respingiamo, non ci crediamo. A Fukushima tutto è silenzio, un immenso cimitero nucleare senza segni di vita, per decine e decine di chilometri.

La roulette russa del nucleare

I nuclearisti continuano a propinarci la favola della sicurezza delle nuove centrali: standard sempre più alti, meccanismi di controllo sempre più raffinati, capacità di prevenire e correggere sempre più elevate. Tutte balle che avevamo già sentito prima e dopo ogni incidente. È vero che spesso si è trattato di errori umani, sfortunate combinazioni di cause e concause o, come nel caso di Fukushima, di disastri naturali di portata eccezionale, ma proprio questo dimostra che quando si tratta di nucleare *la sicurezza non può esistere*. Semplicemente non siamo in grado di prevedere tutti i problemi che si presenteranno. L'elenco dei principali incidenti conosciuti nella storia del nucleare civile lo dimostra chiaramente.

Un'altra Chernobyl, un'altra Fukushima possono mettere in ginocchio interi Paesi con strascichi di decine, se non centinaia di anni. A fronte di benefici solo immaginari ci mettiamo a giocare alla roulette russa del nucleare, ipotecando il futuro di chi non ha potuto scegliere. Dove esploderà il prossimo colpo?

Sellafield, 7 ottobre 1957

Un incendio nel nocciolo di uno dei due reattori della centrale di Windscale e il conseguente incremento di temperatura innescano una lenta combustione della grafite – il moderatore usato in quel tipo di reattore per rallentare i neutroni e favorire la reazione atomica controllata. Nessuno dei tecnici però se ne rende conto, se non un paio di giorni dopo, quando ormai il danno non è più contenibile. Di lì a poco, un'enorme nube radioattiva, composta di xenon, iodio, cesio, polonio e pari a un decimo di quella della bomba atomica sganciata su Hiroshima, ricopre la zona intorno al sito e poi il resto del continente.

Il disastro, classificato di livello 5 sulla scala Ines, secondo dati ufficiali avrebbe provocato trecento morti per cause riconducibili all'incidente (malattie, leucemie, tumori), ma a distanza di più di cinquanta anni, un rapporto dell'epoca, insabbiato dall'allora primo ministro Harold Macmillan, dimostra che pur di non creare allarmismo tra la popolazione non sono state prese le misure necessarie per tutelare i cittadini dall'esposizione alle radiazioni. Le autorità, infatti, hanno deciso di non ordinare l'evacuazione delle zone circostanti nonostante sapessero che in poche ore sarebbero state colpite da una quantità di radioattività di molto superiore al massimo tollerabile. Londra, che dista solo 500 chilometri, ha raggiunto livelli fino a venti volte oltre il valore normale.

Ora i ricercatori sostengono che la stima di casi di tumore collegabili alle emissioni andrebbe rivista: se nel 1990 avevano calcolato che avrebbero potuto presentarsi fino a duecento casi di cancro, adesso si parla di diverse decine in più.

Il sito, posizionato sulla costa della Cumbria nel nord-ovest dell'Inghilterra, il più grande della Gran Bretagna e uno dei più grandi al mondo, ha purtroppo continuato a far parlare di sé. Nel 1973 un altro incidente all'impianto di ritrattamento, classificato di livello 4 nella scala Ines, ha riportato la centrale sotto i riflettori. Ma è stato solo nel giugno 2005, quando si è scoperto che ormai da mesi usciva liquido altamente radioattivo da una condotta guasta, che la già controversa centrale si è trovata nell'occhio del ciclone. Una volta scoperto l'incidente, il British Nuclear Group, la società che gestiva l'impianto, ha infatti dovuto ammettere l'impreparazione dei propri tecnici: non erano stati in grado di leggere gli indicatori che segnalavano la rottura di una condotta difettosa. Ma ha subito tranquillizzato gli abitanti delle zone limitrofe – chissà con quali esiti? – sottolineando che non c'era alcun pericolo di contaminazione ambientale perché il liquido radioattivo era stato fatto confluire in una cella di acciaio inossidabile. Si è però dimenticata di ricordare ai contribuenti che per le riparazioni sarebbero stati necessari diversi mesi e la costruzione di un robot per la bonifica dell'impianto, per un costo complessivo di almeno tre miliardi di euro.

Il provvedimento più significativo e duraturo preso al riguardo in Inghilterra è stato cambiare il nome della centrale da Windscale a Sellafield. Come se il restyling dell'immagine facesse scordare le vittime, i malati e soprattutto l'irresponsabilità di un governo che pur di non spaventare i cittadini preferisce farli morire.

Detroit, 5 ottobre 1966

Il nucleo di un reattore sperimentale situato in un impianto elettronucleare vicino a Detroit, che prende il nome dal fisico italiano Enrico Fermi, si surriscalda a causa di un guasto al sistema di raffreddamento. Non sapendo qual è l'origine del problema e consapevoli che un intervento sbagliato potrebbe mettere a rischio il delicato equilibrio chimico del reattore, si decide di aspettare e vedere cosa succede. L'unica precauzione presa è quella di avvertire le forze dell'ordine di prepararsi a una possibile evacuazione della popolazione di Detroit e delle aree circostanti. Per diverso tempo, dunque, non si fa nulla, a parte contenere i danni (per quanto possibile) e cercare di capire qual è il guasto. Solo nell'agosto 1967, grazie a un periscopio fatto scendere nel nocciolo fuso, si trova l'origine del problema: alla base del reattore c'è un pezzo di zirconio che blocca il corretto funzionamento dell'impianto di raffreddamento. Ci vuole più di un anno per riuscire a rimuovere quel pezzo e altri dodici mesi per rendere il reattore nuovamente operativo. Tutto questo inutilmente, visto che solo due anni più tardi, nel 1972, dopo aver prodotto un quantitativo di energia irrilevante, ai gestori della centrale viene negato il permesso di continuare a tenere in funzione il reattore.

Per tutti quelli che dicono che l'energia nucleare è conveniente: il solo costo delle riparazioni è stato di 132 milioni di dollari. E poteva andare molto peggio, se i tecnici non fossero riusciti a contenere il disastro.

Harrisburg, 28 marzo 1979

Neanche tre mesi dopo l'accensione del secondo reattore di cui era stata dotata la centrale di Three Mile Island in Pennsylvania, alle quattro del mattino, un problema al circuito di raffreddamento secondario innesca un processo a catena che porta all'arresto di emergenza del reattore. La valvola di scarico non si richiude e gli addetti non se ne accorgono: l'acqua continua a fuoriuscire e la pressione nel circuito di raffreddamento primario scende. Una complicata combinazione di errori umani, preparazione inadeguata del personale e strumentazione carente danneggia il nocciolo e fa balzare la temperatura oltre i 1500 gradi. Le guaine si fondono e materiale radioattivo gassoso e volatile fuoriesce all'esterno nell'acqua del fiume Susquehanna. Scatta l'emergenza e 3500 persone (soprattutto donne incinte e bambini) vengono evacuate.

Per cinque giorni si susseguono i tentativi di spegnere il reattore e riportare tutto alla normalità. Appena si diffonde la notizia dell'incidente, le autorità smentiscono la presenza di fughe radioattive. Quando non è più possibile negare, dicono che la dose di radiazioni è stata pari a quella di una radiografia. Su questo dato rimangono molti dubbi, come su altre rassicuranti affermazioni post-incidente. Pochi mesi dopo, nel luglio 1979, la Metropolitan Edison (che gestisce l'impianto) afferma che i 2400 metri cubi di acqua radioattiva rimasti nella centrale sono già stati regolarmente smaltiti, ma lo Stato della Pennsylvania insinua il dubbio che siano solo stati sversati nel fiume.

Le autorità garantiscono che i danni e le conseguenze verranno monitorati con attenzione. In tutta la zona sono commissionati studi per rilevare eventuali anomalie nel numero di decessi, aborti e tumori e altre possibili conseguenze dell'esposizione alle radiazioni: tutto nella norma, con un leggero ma trascurabile incremento di problemi cardiaci. Dovuti al fumo, dicono loro, e allo stress post-incidente. Per sicurezza, però, lo Stato della Pennsylvania fa sparire il registro dei tumori.

Solo alcune ricerche portano alla luce stranezze, ma proprio per questo vengono rapidamente accantonate. Come quella del dottor Steven Wing, professore associato di epidemiologia all'Università del Nord Carolina, che a vent'anni dall'incidente ha condotto uno studio sul numero di tumori entro un raggio di 15 chilometri dalla centrale nucleare. «Centinaia di persone» ha affermato Wing «all'epoca dichiararono di aver sofferto di nausea, di aver perso i capelli o di aver avuto irritazioni cutanee. Molti animali sono morti o hanno mostrato i sintomi dell'esposizione alla radiazioni. Era necessario riconsiderare la situazione.» Wing ha poi ripreso i vecchi dati, li ha rielaborati con metodi più moderni e ha scoperto che nelle zone sottovento i casi di cancro ai polmoni e di leucemia sono stati da due a dieci volte superiori che sopravento. Un caso?

Il giudice Sylvia Rambo (un nome, un programma) ha rigettato più di duemila richieste di danni contro la centrale per – a suo dire – «insufficienza di prove». «Per un anno ha scartato le prove che le vittime dell'incidente hanno fornito» ha commentato Wing «compreso parte del nostro lavoro, per poi decidere che non c'erano basi sulle quali procedere.» Ciononostante, le assicurazioni hanno in seguito pagato agli abitanti dell'area 82 milioni di dollari come risarcimento per le perdite economiche e le spese mediche, ma secondo gli attivisti di Three Mile Island Alert una somma molto più consistente sarebbe stata passata sottobanco per mettere a tacere il grosso delle rivendicazioni.

Creys-Malville, 18 gennaio 1982

La costruzione della centrale Superphénix – nata sulla base di un progetto francese a partecipazione italiana al 33 per cento – inizia nel 1976 a un centinaio di chilometri dal confine italiano nella cittadina di Creys-Malville, fra le proteste generali dei francesi e degli italiani. Nel 1977, a lavori appena avviati, un corteo di protesta composto da 60.000 persone viene disperso dalla polizia, provocando il ferimento di un centinaio di manifestanti e la morte di uno di loro, Vital Michalon.

Quattro anni dopo, il 18 gennaio 1982, si verifica l'episodio più grave: un gruppo di ecoterroristi decide di lanciare quattro razzi con un apparecchio di fabbricazione sovietica contro la centrale. Tre falliscono il colpo. Il quarto perfora 60 degli 80 centimetri (che sono lo spessore standard) di uno dei quattro edifici dei generatori di vapore, mancando di poco il nucleo ancora vuoto. Gli attentatori rimangono ignoti, ma nel 2003 il deputato ginevrino Chaïm Nissim confessa spontaneamente di essere il responsabile: si era procurato razzi e bazooka presso la Cellules Communistes Combattantes del Belgio, con l'appoggio di un mercenario.

Un'azione abbastanza semplice, che per fortuna non ha avuto alcuna conseguenza, se non quella di dimostrare la vulnerabilità dell'impianto nucleare. Quanto sarebbe facile in caso di guerra o di attacco terroristico distruggere un intero Paese con un colpo ben piazzato?

Il gigante Superphénix chiude definitivamente nel 1997: in nove anni di attività ufficiali, solo cinquantatre mesi (pari a quattro anni e mezzo) sono stati quelli di effettivo funzionamento. Nel 1986, per esempio, la centrale lavora a mezzo regime per diversi mesi a causa di un problema tecnico che non si riesce a risolvere: il sodio (che serve a raffreddare gli elementi del combustibile nucleare irradiato) invece di restarsene dentro il recipiente interno del contenitore di stoccaggio, trova una fessura e comincia a debordare nel secondo recipiente, quello di sicurezza. Una fuga da 20 litri l'ora, per oltre 20 tonnellate delle 700 che stavano dentro il barillet, cioè il contenitore. La centrale però continua a lavorare a regime dimezzato.

Secondo Greenpeace e non solo, il Superphénix è stato uno dei fallimenti più clamorosi della storia: non ha mai funzionato e ha bruciato risorse ingenti. Più di 6 miliardi di euro per la costruzione e il mantenimento dell'impianto, a cui si devono aggiungere 4 miliardi per lo smantellamento e il trattamento del combustibile. Ai soli contribuenti italiani l'orgoglio del piano nucleare francese è costato 250 milioni di euro.

Chernobyl, 26 aprile 1986

Alle ore 1.23 del 26 aprile 1986, in seguito a gravi errori del personale, irresponsabilità dei dirigenti ed errori di progettazione durante l'esecuzione di un test nella locale centrale elettronucleare, il nocciolo del reattore numero 4 della centrale V.I. Lenin, più nota con il nome di Chernobyl, si fonde completamente. Due conseguenti esplosioni fanno saltare la copertura, disperdendo nell'ambiente grandi quantità di particelle radioattive. Gli operatori stavano verificando se, in caso di malfunzionamento, la centrale sarebbe stata in grado di produrre sufficiente elettricità per mantenere in azione il circuito di raffreddamento fino all'entrata in azione dei generatori di sicurezza. Il sistema di sicurezza era quindi stato deliberatamente disattivato per effettuare il test e la potenza era stata portata al 25 per cento della sua capacità. La procedura però non aveva funzionato e la potenza era scesa sotto l'1 per cento. Nel tentativo di farla crescere di nuovo, con il dispositivo di sicurezza disattivato, gli operatori avevano perso il controllo del reattore e nell'acqua del circuito di raffreddamento si era formata una bolla di idrogeno che aveva causato l'esplosione. La grafite, usata in quel tipo di reattore per rallentare i neutroni, aveva infine preso fuoco a causa dell'elevata temperatura, continuando a bruciare per i successivi dieci giorni.

La radioattività rilasciata nelle esplosioni è stata 11 miliardi di miliardi di becquerel; i chilometri quadrati di territorio contaminato 150.000; gli abitanti evacuati dalla città e dalle zone adiacenti 350.000; le tonnellate di sabbia, boro, piombo e fosfati versati sulle macerie 5000 con più di 1800 voli di elicottero.

Nel 1988 si prende in considerazione l'eventualità di radere al suolo una parte della cittadina ma l'idea viene presto abbandonata per l'enorme quantitativo di particelle radioattive che si sarebbero sollevate assieme alle macerie degli edifici demoliti. Si decide dunque di ricoprire il reattore distrutto con un involucro di cemento, chiamato sarcofago, e si mantiene il resto della centrale nucleare in funzione a regime parziale fino al 2000, quando si spegne anche l'ultimo reattore attivo. Il livello delle radiazioni durante l'intervento di copertura al reattore 1 è stato talmente elevato e nocivo che gli operai incaricati – militari russi – avevano un turno che durava non più di tre minuti.

Il sarcofago che ancora oggi ricopre i resti della centrale nucleare, una struttura di 20.000 tonnellate, è stato pensato come misura *ad interim* per durare venti-trent'anni. Già nel 1994, in seguito a uno studio realizzato da un consorzio a guida francese, il Campenon Bernard Sge, è emerso che la struttura è instabile e non offre garanzie in caso di terremoti. Né è adatto a conservare materiali radioattivi la cui vita media superi i 10.000 anni.

Secondo un recente rapporto di Legambiente, il sarcofago oggi presenta circa cento metri quadrati di crepe e fessure dalle quali, ogni anno, si infiltrano circa 220 metri cubi d'acqua piovana. La pioggia, insieme ai 1650 metri cubi di acqua di condensa, potrebbe avvelenare la terra e le falde acquifere. Il muro occidentale è inoltre inclinato di cinquanta centimetri e il tetto è malfermo.

All'interno del sarcofago si trovano ancora 180 tonnellate di combustibile radioattivo, il 95 per cento del materiale sprigionato al momento dell'incidente e nel caso in cui la copertura del reattore cedesse, il materiale sarebbe rilasciato nell'ambiente scatenando una catastrofe mondiale. Si stima che potrebbero fuoriuscire quattro tonnellate di polveri radioattive.

In seguito alle esplosioni del 1986, la nube si è spostata anche sull'Europa orientale, la Finlandia e la Scandinavia con livelli di contaminazione via via minori, raggiungendo infine l'Italia, la Francia, la Germania, la Svizzera, l'Austria e i Balcani. Ha toccato in ultimo porzioni della costa orientale dell'America del nord. Nel nostro Paese, nel periodo di passaggio della nube radioattiva (30 aprile-9 maggio 1986), le aree dove piove molto hanno subito una più intensa ricaduta di materiale radioattivo. Le zone più colpite sono state il Friuli-Venezia Giulia, la Lombardia e il Veneto. Valori elevati vengono registrati però in tutta l'Italia settentrionale dove, in particolare, la contaminazione da iodio nei vegetali supera i valori limite fissati dalla legge italiana.

Le autorità mettono in campo solo provvedimenti di igiene pubblica preventiva: divieto di vendita e di consumo di vegetali per tutta la popolazione dal 3 al 12 maggio 1986 (fino al 17 per la sola Italia settentrionale); dal 3 al 24 maggio, invece, divieto di bere latte fresco per i bambini fino a 10 anni e per le donne incinte.

Una generazione è migliore dell'altra?

Nel mondo sono attivi 443 reattori nucleari. Sono quasi tutti di prima e seconda generazione, cioè del tipo più vecchio. Solo qualcuno in Giappone e Corea è di terza generazione. Teoricamente il progresso scientifico e l'esperienza maturata a suon di incidenti – e spesso vittime – hanno reso la tecnologia e i livelli di sicurezza sempre migliori. Resta però il fatto che la nostra conoscenza pratica e operativa si limita ancora a vecchi impianti.

Quelli di prima generazione, costruiti tra la fine degli anni Cinquanta e l'inizio dei Sessanta, erano prototipi a bassissima potenza (qualche decina o centinaio di megawatt), generalmente classificati in base al tipo di combustibile utilizzato, al sistema di raffreddamento-generazione vapore e al tipo di moderatore. I problemi principali di questi reattori sono sempre stati due: i costi elevati di costruzione e mantenimento, e lo scarsissimo livello delle caratteristiche di sicurezza (i problemi di corrosione, per esempio, erano all'ordine del giorno). Ancora oggi sono tra gli impianti più diffusi e nel corso del tempo sono state messe pezze per sistemarli e adeguarli ai nuovi standard. Le centrali di Trino, Borgo Sabotino e Sessa Aurunca erano tutte di prima generazione.

Le strutture di seconda generazione sono quelle

nate col boom nucleare degli anni Settanta e Ottanta. Si tratta di impianti di grande potenza (intorno al migliaio di megawatt) ad acqua leggera – bollente o pressurizzata – con caratteristiche di sicurezza migliori rispetto a quelli della generazione precedente. Almeno sulla carta. Di tutte le centrali italiane, l'unica di seconda generazione è stata quella di Caorso, che ha in realtà presentato problemi a non finire.

I reattori di terza generazione sono stati invece installati a partire dagli anni Novanta sulla base dell'esperienza acquisita con le due generazioni precedenti. Sono caratterizzati da una potenza di 1000-1400 megawatt e da un miglioramento dei livelli di sicurezza, con procedure di intervento automatico di salvaguardia e spegnimento in caso di anomalia. Nella progettazione vengono presi in considerazione anche incidenti limite, come la fusione del nocciolo, nel tentativo di introdurre misure per prevenirli o almeno minimizzarne le conseguenze.

Le continue ricerche hanno poi portato allo sviluppo dei reattori della cosiddetta «terza generazione avanzata» che dovrebbero offrire ancora maggiore sicurezza. Gli impianti presentano: quattro sistemi indipendenti di refrigerazione d'emergenza (ognuno capace da solo di refrigerare il nocciolo del reattore dopo lo spegnimento); strutture di contenimento metalliche attorno al reattore; contenitore e area di raffreddamento passivo del materiale fuso; doppia parete esterna in calcestruzzo armato spessa 2,6 metri e progettata per resistere all'impatto diretto di un grosso aereo di linea. Dal punto di vista delle scorie, però, le centrali non offrono particolari novità, se non la possibilità di processarle in modo da separare le più pericolose, riducendo il volume complessivo.

Questi reattori di terza generazione avanzata sono stati sbandierati da Berlusconi come la quintessenza della sicurezza. E invece no: non lo dico io, ma Edf, proprio la sorella di Enel nell'avventura nucleare. In caso di incidente i reattori sarebbero persino più pericolosi di quelli vecchi: l'emissione di isotopi radioattivi di bromo, rubidio, iodio e cesio sarebbe quattro volte maggiore rispetto alla fuoriuscita che si verificherebbe in un reattore tradizionale. Secondo Posiva, la società finlandese di smantellamento delle scorie radioattive, l'emissione dell'isotopo iodio-129 sarebbe perfino sette volte maggiore. Mentre per la cugina Swiss National Co-operative for the Disposal of Radioactive Waste, l'emissione di cesio-135 e cesio-137 sarebbe undici volte superiore.

Quarta generazione: è la risposta?

Da più di dieci anni la comunità scientifica internazionale sta lavorando ai cosiddetti «reattori nucleari di quarta generazione» ma a tutt'oggi nessuno dei numerosi progetti è stato ancora realizzato. Anche le previsioni per il loro futuro sviluppo sono incerte: si parla del 2030-2040, i più ottimisti ragionano sul 2020. L'espressione «reattori di quarta generazione» è stata coniata nel 2000 dagli Usa nell'ambito di un progetto noto come Generation IV International Forum (Gif) promosso dagli Stati Uniti e che nel corso degli anni ha coinvolto Argentina, Brasile, Canada, Francia, Giappone, Corea del Sud, Sudafrica, Svizzera, Regno Unito, Cina, Russia e i Paesi dell'Euratom.

Quali garanzie risolutive dovrebbero dare i nuovi

impianti? Ecco le otto fondamentali regole per cui vengono progettati:

1) non immettere nell'ambiente alcun inquinante;

2) avere una vita media più lunga dei precedenti per ammortizzare meglio i costi di installazione e smantellamento (superiore ai trent'anni);

3) avere elevato rendimento di consumo del combustibile fissile (reattori veloci in grado di utilizzare l'uranio-238, più abbondante in natura rispetto all'isotopo 235 attualmente in uso);

4) ridurre la produzione di scorie radioattive;

5) una sicurezza intrinseca tale da rendere inutile qualsiasi piano di evacuazione per incidenti (ma io preferirei che ci fosse comunque, non si sa mai);

6) non originare sottoprodotti che possano essere riutilizzati a scopo militare;

7) produrre scorie con tempi di decadimento più bassi di quelli attuali;

8) generare energia elettrica a costi competitivi con le altre fonti (perché il nucleare *non* è economico).

I reattori di quarta generazione oggi in studio sono fondamentalmente di sei tipi. Tre progetti usano l'uranio-235, e quindi sono giudicati senza futuro perché avrebbero disponibilità naturali limitate. Gli altri tre, che impiegano uranio-238, si distinguono perché sono refrigerati rispettivamente con il sodio, a gas e con il piombo. Il primo riprende l'esperienza del Superphénix (il sodio diventa liquido a 70 gradi ed è capace di asportare una grande quantità di calore); il secondo potrebbe aprire la strada allo sfruttamento dell'idrogeno, perché il gas ad alta temperatura potrebbe essere utilizzato anche per ricavare idrogeno dall'acqua senza spendere energia per scindere la molecola. Nel terzo, il piombo (che fonde a 327 gradi) garantisce un effetto di schermatura dalle radiazioni; in compenso è molto pesante e potrebbe causare problemi alla struttura della centrale in caso di terremoti.

Insomma tutti sforzi apprezzabili, ma diciamo la verità: la sicurezza intrinseca non esiste nemmeno nel cosiddetto nucleare di nuova generazione il cui investimento totale a preventivo è attualmente stimato in 6 miliardi di euro. Soldi buttati! Perché sicurezza intrinseca non significa aumentare i livelli e i punti di controllo in un reattore, ma progettare sistemi in grado di spegnersi automaticamente nel momento in cui si arriva al cosiddetto «incidente tipico di riferimento», quando si raggiungono cioè condizioni di perdita del liquido refrigerante. E per ottenere questo sarebbe necessario cambiare la fisica dei reattori. Ma come la mettiamo con tutti gli incidenti imprevedibili, innescati da disastri naturali o dall'errore umano? Prevenirli è chiaramente al di fuori della capacità umana, come sempre del resto; purtroppo nel caso del nucleare la singola distrazione potrebbe causare problemi inimmaginabili.

CINQUANT'ANNI DI INCIDENTI NON CI HANNO INSEGNATO NULLA

Non basta? Riporto una cronologia tratta da Legambiente degli incidenti nucleari, civili o militari, avvenuti negli ultimi cinquant'anni.

Ovviamente sono stati omessi gli incidenti più gravi, affrontati negli altri capitoli, numerosi episodi minori avvenuti in Europa, e quelli che sono stati insabbiati, come spesso avviene nel settore militare.

10 MARZO 1956, MAR MEDITERRANEO. Un bombardiere B-47 precipita nel Mediterraneo con a bordo due capsule di materiale fissile per la realizzazione di bombe nucleari.

27 LUGLIO 1956, GRAN BRETAGNA. Un bombardiere B-47 in Gran Bretagna slitta sulla pista e va a colpire un deposito contenente sei bombe nucleari.

SETTEMBRE 1957, KYSHTYM (UNIONE SOVIETICA) – SCALA INES 6. In una fabbrica di armi nucleari negli Urali, una cisterna contenente scorie radioattive prende fuoco ed esplode, contaminando migliaia di chilometri quadrati di terreno con una nube di 20 milioni di curie. Il rilascio esterno di radioattività avviene a seguito di un malfunzionamento del sistema di raffreddamento di una vasca di immagazzinamento di prodotti di fissione ad alta attività. Vengono esposte alle radiazioni circa 270.000 persone. Si stima che l'incidente abbia provocato oltre cento vittime.

3 GENNAIO 1961, IDAHO FALLS (USA). A seguito di un inci-

dente in un reattore sperimentale di Idaho Falls negli Stati Uniti, muoiono tre tecnici.

4 LUGLIO 1961, UNIONE SOVIETICA. La fuoriuscita di radiazioni per un guasto al sistema di controllo di uno dei due reattori di un sommergibile atomico sovietico provoca la morte del capitano e di sette membri dell'equipaggio.

5 DICEMBRE 1965, ISOLE RYŪKYŪ (GIAPPONE). Un jet militare americano A-4E con a bordo una bomba all'idrogeno B-43 scivola in mare da una portaerei statunitense vicino alle isole giapponesi Ryūkyū.

17 GENNAIO 1966, PALOMARES (SPAGNA). Un B-52 statunitense con quattro bombe all'idrogeno B-28 entra in collisione con un aereo cisterna durante il rifornimento in volo. I due aerei precipitano e tre bombe a idrogeno cadono nei pressi di Palomares, mentre la quarta precipita in mare. L'esplosivo di due delle tre bombe, a contatto col suolo, detona spargendo su una vasta area plutonio e altro materiale radioattivo. In tre mesi vengono raccolte 1400 tonnellate di terra e vegetazione radioattiva che sono portate negli Stati Uniti. Mentre i militari americani sono forniti di tute protettive, gli spagnoli continuano a vivere tranquillamente e a coltivare i terreni. Un monitoraggio effettuato nel 1988 su 714 abitanti ha rivelato che 124 di loro hanno una concentrazione di plutonio nelle urine di gran lunga superiore ai livelli normali.

10 MARZO 1968, OCEANO PACIFICO. Il sottomarino K-219 affonda nel Pacifico. A bordo ha tre missili nucleari e due siluri a testata nucleare.

27 MAGGIO 1968, OCEANO ATLANTICO. Un sottomarino statunitense con a bordo due siluri a testata nucleare affonda nell'Atlantico.

21 AGOSTO 1968, GROENLANDIA. Un B-52 statunitense precipita in Groenlandia. Tre bombe all'idrogeno che si trovavano a bordo esplodono e 400 grammi di plutonio-239 si di-

sperdono nell'ambiente. L'area viene successivamente bonificata da oltre cinquecento uomini inviati dalla Danimarca e da duecento militari statunitensi. Nei vent'anni successivi, cento dei danesi che avevano partecipato all'intervento si ammalano di cancro, altri riportano gravi conseguenze tra cui la sterilità.

17 OTTOBRE 1969, SAINT LAURENT (FRANCIA). Un errore nelle procedure adottate per la gestione del combustibile provoca una fusione parziale a un reattore nucleare raffreddato a gas.

12 APRILE 1970, OCEANO ATLANTICO. Il sottomarino sovietico K-8 affonda nell'Atlantico con a bordo due reattori e due siluri a testata nucleare.

APRILE 1973, ISOLE HAWAII (USA). Fuga radioattiva nel sottomarino statunitense *Guardfish* alle Hawaii. Cinque marinai dell'equipaggio vengono contaminati dalle radiazioni.

1974, MAR CASPIO. Fonti di stampa segnalano un'esplosione in un impianto atomico sovietico a Shevchenko, nel mar Caspio.

INVERNO 1974-75, LENINGRADO (UNIONE SOVIETICA). Una serie di incidenti viene segnalata nell'inverno tra il 1974 e il 1975 presso la centrale nucleare di Leningrado. Tre morti accertati.

22 NOVEMBRE 1975, MAR MEDITERRANEO. Una portaerei e un incrociatore americani entrano in collisione nel Mediterraneo a causa del mare agitato. Come in altri casi non è accertata, ma probabile, la fuoriuscita di materiale nucleare in seguito all'incidente.

7 DICEMBRE 1975, LUBMIN (REPUBBLICA DEMOCRATICA TEDESCA). Un cortocircuito nell'impianto della centrale di Lubmin, sul litorale baltico nella Germania orientale, provoca una parziale fusione del nucleo del reattore.

7 AGOSTO 1979, TENNESSEE (USA). La fuoriuscita di uranio arricchito da un'installazione nucleare segreta provoca la

contaminazione di oltre 1000 persone. Vengono registrati nella popolazione valori di radioattività fino a cinque volte superiori alla norma.

AGOSTO 1979, ERWIN (USA). Oltre 1000 persone vengono contaminate a seguito di una fuga radioattiva in un centro di ricerca nucleare, fino ad allora rimasto segreto.

MARZO 1981, TSURUGA (GIAPPONE). 280 persone vengono contaminate a causa di una fuga di residui radioattivi nella centrale di Tsuruga. Un mese dopo le autorità comunicano che 45 operai sono stati esposti a radioattività nel corso delle operazioni per la riparazione della centrale.

10 AGOSTO 1985, UNIONE SOVIETICA. Un'esplosione devasta il sottomarino atomico sovietico *Shkotovo-22*: muoiono dieci membri dell'equipaggio esposti alle radiazioni.

6 GENNAIO 1986, OKLAHOMA (USA). Un operaio muore e altri 100 restano contaminati a seguito di un incidente che si sviluppa in una centrale atomica in Oklahoma.

6 OTTOBRE 1986, OCEANO ATLANTICO. Il sottomarino *K-219* affonda nell'Atlantico con 34 testate nucleari a bordo.

FEBBRAIO 1991, MIHAMA (GIAPPONE). La centrale riversa in mare 20 tonnellate di acqua altamente radioattiva.

24 MARZO 1992, SAN PIETROBURGO (RUSSIA). A seguito della perdita di pressione nell'impianto di Sosnovy Bor nei pressi di San Pietroburgo, fuoriescono e si disperdono nell'atmosfera iodio e gas radioattivi.

NOVEMBRE 1992, FORBACH (FRANCIA). Un grave incidente nucleare causa la contaminazione radioattiva di tre operai. I dirigenti dell'impianto vengono accusati l'anno successivo di non aver approntato le misure di sicurezza previste.

17 FEBBRAIO 1993, BARSEBAECK (DANIMARCA). Uno dei reattori della centrale di Barsebaeck viene temporaneamente fermato a causa della fuoriuscita accidentale di vapore radioattivo.

APRILE 1993, SIBERIA (RUSSIA). Un incendio nel complesso

chimico di Tomsk-7 colpisce un serbatoio di uranio. Risultano contaminati circa 1000 ettari di terreno. La nube radioattiva si dirige verso zone disabitate.

23 MARZO 1994, BIBLIS (GERMANIA). Una falla nel circuito primario di un reattore fa uscire liquido altamente contaminato.

28 GIUGNO 1994, PETROPAVLOVSK (RUSSIA). Fuga di materiale radioattivo nella baia di Seldevaia a causa della rottura di un deposito a Petropavlovsk.

SETTEMBRE 1995, KOLA (MARE DI BARENTS). L'energia elettrica della centrale di Kola viene staccata per morosità e vanno fuori uso i sistemi di raffreddamento. Incidente solo sfiorato, grazie all'intervento del comandante della base.

NOVEMBRE 1995, CHERNOBYL (UCRAINA) – SCALA INES 3. Un'avaria al sistema di raffreddamento del reattore 1 di Chernobyl causa un incidente nel quale la radioattività si disperde e contamina gli operai impegnati nella manutenzione.

8 DICEMBRE 1995, MONJU (GIAPPONE). Due tonnellate di sodio liquido e altro materiale radioattivo fuoriescono dal reattore nucleare prototipo di Monju, nella prefettura di Fukui, a causa di un malfunzionamento al sistema di raffreddamento.

FEBBRAIO 1996, DIMITROVGRAD (RUSSIA). Un addetto causa la rottura della valvola di sicurezza di uno dei reattori del centro di ricerche atomiche di Dimitrovgrad. Fuoriesce una nube radioattiva contenente soprattutto radionuclidi di manganese.

MARZO 1997, TOKAIMURA (GIAPPONE). Un incendio e una esplosione nel reattore nucleare nell'impianto di ritrattamento di Tokaimura contamina almeno trentacinque operai.

GIUGNO 1997, ARZAMAS (RUSSIA). Un incidente nel centro ricerche di Arzamas porta i materiali radioattivi sull'orlo di una reazione a catena. Si sviluppa una nube radioattiva a seguito della quale muore il responsabile dell'esperimento.

LUGLIO 1997, LA HAGUE (FRANCIA). Il comune di Amburgo denuncia la presenza di radioattività nell'acqua scaricata nella Manica dall'impianto di trattamento di La Hague. La Francia smentisce, ma il presidente della Commissione di controllo si dimette.

SETTEMBRE 1997, URALI (RUSSIA). Sugli Urali si scontrano un trattore e un camion che trasporta isotopi radioattivi. Da due container fuoriesce liquido pericoloso contenente iridio-192 e cobalto-60. Nell'area la radioattività sviluppata è venticinque volte superiore al limite consentito.

1° MAGGIO 1998, CATENA DELLE ALPI. Le autorità di controllo francesi scoprono elevati livelli di contaminazione da cesio-137 sulle Alpi, causati dal passaggio di rottami ferrosi provenienti dall'Europa dell'Est.

30 SETTEMBRE 1999, TOKAIMURA (GIAPPONE) – SCALA INES 4. Un incidente in una fabbrica di combustibile nucleare attiva una reazione a catena incontrollata. Viene accertato che si tratta di un errore umano: due operai hanno trattato materiali radioattivi in contenitori non idonei. Tre persone muoiono all'istante, mentre altre 439, di cui 119 in modo grave, vengono esposte alle radiazioni. Seicento persone sono ricoverate e 320.000 abitanti evacuati.

4 OTTOBRE 1999, WOLSONG (COREA DEL SUD). Una fuoriuscita di acqua pesante durante lavori di manutenzione della centrale di Wolsong causa l'esposizione alle radiazioni di 22 operai impiegati presso l'impianto.

5 OTTOBRE 1999, LOVIISA (FINLANDIA). Viene segnalata una perdita di idrogeno nell'impianto di Loviisa, sulla costa finlandese. Secondo i tecnici della centrale c'è stato un pericolo di incendio e fuoriuscite, ma la situazione è rimasta sotto controllo.

8 OTTOBRE 1999, ROKKASHO (GIAPPONE). Una piccola quantità di materiale radioattivo fuoriesce da un deposito di scorie a Rokkasho, nella prefettura giapponese di Aomori. Le radiazioni provengono da due fusti arrivati dalla centrale nucleare di Ekushima.

20 OTTOBRE 1999, SUPERPHÉNIX (FRANCIA). Un incidente tecnico ritarda lo smantellamento del reattore a neutroni rapidi Superphénix. Nell'operazione di scarico del reattore un inconveniente tecnico a una puleggia per l'estrazione delle cartucce di combustibile arresta la fase di scarico del materiale radioattivo.

18 NOVEMBRE 1999, TORNESS (SCOZIA). Un Tornado della Raf in esercitazione precipita in mare di fronte alla centrale nucleare di Torness in Scozia, a meno di ottocento metri dall'impianto. Si sfiora per un soffio il disastro.

13 DICEMBRE 1999, ZAPOROZHYE (UCRAINA). Il primo dei sei reattori nucleari della centrale ucraina di Zaporozhye viene fermato per il malfunzionamento di uno dei rilevatori di pressione in eccesso.

5 GENNAIO 2000, BLAYAIS (FRANCIA) – SCALA INES 2. Una tempesta provoca un incidente alla centrale di Blayais, nella Gironda, e si fermano due dei quattro reattori. L'acqua invade alcuni locali della centrale: danneggiati pompe e circuiti importanti.

27 GENNAIO 2000, GIAPPONE. Un incidente a una installazione per il riprocessamento dell'uranio provoca livelli di radiazione quindici volte superiori alla norma nel raggio di circa 2,5 chilometri. Secondo i funzionari locali almeno ventuno persone sono state esposte alle radiazioni.

15 FEBBRAIO 2000, INDIAN POINT (USA). Una piccola quantità di vapore radioattivo fuoriesce dal reattore Indian Point 2, vicino alla cittadina di Buchanan sul fiume Hudson, a circa 70 chilometri da New York. La perdita di gas radioattivo costringe la società che gestisce l'impianto a

chiudere la centrale e a dichiarare lo stato di allerta. Fuoriesce circa mezzo metro cubo di vapori radioattivi.

10 APRILE 2003, PAKS (UNGHERIA) – SCALA INES 3. L'unità numero 2 del sito nucleare di Paks (costituito da quattro reattori, è l'unico in Ungheria, a 115 chilometri da Budapest) subisce il surriscaldamento e la distruzione di trenta barre di combustibile altamente radioattive. Solo un complesso intervento di raffreddamento scongiura il pericolo di un'esplosione nucleare incontrollata che avrebbe avuto gravi conseguenze per l'area intorno a Paks.

17 OTTOBRE 2003, ARCIPELAGO DELLA MADDALENA (ITALIA). Il sottomarino americano *Hartford* s'incaglia nella secca dei Monaci a pochi chilometri dalla base della Maddalena e solo l'abilità del comandante riesce a condurre in porto il mezzo avariato. Il licenziamento di alcuni militari induce a pensare che si sia corso un grosso rischio.

9 AGOSTO 2004, MIHAMA (GIAPPONE). Nel reattore numero 3 dell'impianto di Mihama, 350 chilometri a ovest di Tokyo, una falla provoca la fuoriuscita di vapore ad alta pressione che raggiunge i 270 gradi e causa la morte di quattro operai. Altri sette lavoratori vengono ricoverati in fin di vita. È l'incidente più tragico nella storia nucleare del Giappone prima di Fukushima. La centrale viene chiusa.

9 AGOSTO 2004, SHIMANE (GIAPPONE). Scoppia un incendio nel settore di smaltimento delle scorie in una centrale nella prefettura di Shimane.

9 AGOSTO 2004, EKUSHIMA-DAINI (GIAPPONE). L'impianto viene fermato per una perdita d'acqua nel generatore.

MAGGIO 2006, ENEA DI CASACCIA (ITALIA). Fuoriuscita di plutonio, ammessa solo quattro mesi dopo, che ha contaminato sei persone addette allo smantellamento degli impianti.

MAGGIO 2006, MIHAMA (GIAPPONE). Ennesimo incidente con fuga di 400 litri di acqua radioattiva nella ex centrale nucleare di Mihama.

26 LUGLIO 2006, OSKARSHAMN (SVEZIA) – SCALA INES 2. Cortocircuito nell'impianto elettrico della centrale a 250 chilometri a sud di Stoccolma: due dei quattro generatori di riserva non sono stati in grado di accendersi. Sono testate tutte le centrali nucleari del Paese e quella di Forsmark viene spenta.

7 OTTOBRE 2006, KOZLODUY (BULGARIA). Si rileva un livello di radioattività venti volte superiore ai limiti consentiti e le verifiche portano a scoprire una falla in una tubazione ad alta pressione. La centrale, che sorge nei pressi del Danubio, scampa a una gravissima avaria. Secondo la stampa locale, la direzione cerca di nascondere l'accaduto e di minimizzarlo nel rapporto all'Agenzia nazionale dell'energia atomica.

28 GIUGNO 2007, KRÜMMEL (GERMANIA). Scoppia un incendio nella centrale nucleare di Krümmel, nel nord della Germania vicino ad Amburgo. Le fiamme raggiungono la struttura che ospita il reattore e si rende necessario fermare l'impianto. In pochi mesi si verificano avarie anche nelle centrali di Forsmark, Ringhals e Brunsbüttel. Secondo il rapporto 2006 del ministero federale dell'Ambiente, l'impianto di Krümmel è il più soggetto a piccoli incidenti tra le diciassette centrali tedesche. Stando ai piani di uscita dal nucleare, fissati in una legge del 2002, il reattore dovrebbe essere spento al più tardi nel 2015.

16 LUGLIO 2007, KASHIWAZAKI (GIAPPONE). La centrale nucleare di Kashiwazaki-Kariwa, la più grande del mondo, che fornisce elettricità a 20 milioni di abitanti, viene chiusa in seguito ai danneggiamenti provocati da un terremoto. L'Agenzia di controllo delle attività nucleari giapponesi ammette una serie di fughe radioattive dall'impianto, ma precisa che si tratta di iodio fuoriuscito da una valvola di scarico. L'allora direttore generale dell'Agenzia internazionale per l'energia atomica, Mohammed El Baradei, dice che il

sisma «è stato più forte di quello per cui la centrale era stata progettata». Il terremoto provoca un grosso incendio in un trasformatore elettrico, la fuoriuscita di 1200 litri di acqua radioattiva che si riversano nel mar del Giappone e una cinquantina di altri incidenti. Si teme che la faglia sismica attiva passi proprio sotto la centrale.

4

Gli incidenti non capitano fino a prova contraria

Il mondo radioattivo

Quando succede un disastro nucleare, improvvisamente il mondo si ricorda che l'atomo è pericoloso e tutti si prodigano a dare consigli in caso di contaminazioni e nubi tossiche.

I giornali riportano valanghe di numeri, soglie di attenzione, allerta e morte certa: fino a 0,5 sievert c'è un lieve calo dei globuli bianchi. Da 1 a 2 sievert i sintomi sono immediati: nausea, irritazione della pelle, picco dei globuli bianchi, come è successo a Three Mile Island; oltre i 3 sievert, si ha il 50 per cento di probabilità di morire nel giro di un mese. A 6 sievert il funerale è certo.

Per dare un'idea di queste misure, basta confrontarle con la dose di radiazioni che un individuo riceve mediamente in un anno: tra i 2 e i 4 millisievert. Da dove viene questa radioattività?

La radioattività naturale, che fa parte dell'ambiente in cui viviamo, è detta «radiazione di fondo»: è composta dai raggi cosmici emessi dai corpi celesti, dagli isotopi radioattivi che si producono a causa dell'interazione dei raggi cosmici con l'atmosfera e con la superficie terrestre, e da quelli prodotti all'epoca della formazione della Terra. Questi isotopi non sono ancora decaduti in forme stabili: hanno compiuto qualche miliardo di anni e restano radioattivi. Pensate alle nostre scorie e a quante generazioni accompagneranno.

In caso di incidente però la dose «normale» sale vertiginosamente. Fino a quanto? Sulla base di una scala di gravità dell'incidente (scala Ines), l'Agenzia internazionale per l'energia atomica ha stabilito i seguenti livelli:

- livello 0: evento senza rilevanza sulla sicurezza;
- livello 1: anomalia al normale regime operativo che però non coinvolge né malfunzionamento nei sistemi di sicurezza, né rilascio di sostanze radioattive, né sovraesposizione degli addetti;
- livello 2: guasto alle apparecchiature di sicurezza (in grado però di mantenere l'impianto in sicurezza) e/o evento di sovraesposizione di un lavoratore del reattore per superamento del limite massimo annuo consentito;
- livello 3: guasto grave, in cui solo le difese più esterne sono rimaste operative e/o rilascio di sostanze radioattive con effetti verificabili sugli addetti;
- livello 4: incidente grave all'installazione (per esempio fusione parziale del nocciolo) e/o sovraesposizione di uno o più addetti che comporti un'elevata probabilità di decesso;
- livello 5: incidente grave con possibile rischio esterno che causa l'avvio dei piani di emergenza previsti per la popolazione delle zone circostanti;
- livello 6: incidente serio che provoca un significativo rilascio di sostanze radioattive nell'ambiente e che potrebbe richiedere l'impiego di contromisure imponenti;
- livello 7: incidente molto grave che causa un ri-

lascio massiccio di sostanze radioattive nell'ambiente, con effetti gravi sulla salute e sul territorio.

Aiuto, mi è scoppiata la centrale

Tutti i nuclearisti continuano a ripeterci che le centrali di terza generazione sono ultrasicure. Ne sono talmente convinti che ce lo dicono dai tempi di quelle di prima e seconda generazione, e i risultati si sono visti. Per mettersi la coscienza a posto, hanno preparato comunque prontuari per proteggersi in caso di esposizione alle radiazioni. L'Agenzia per le emergenze nucleari americana ha predisposto un volantino per le comunità vicine agli impianti, che Greenpeace ha tradotto e messo online.

Queste, in sintesi, sono le procedure:

- l'evacuazione dell'area esposta a dosi di radiazioni superiori a predeterminati livelli;
- il divieto di recarsi nelle zone dell'incidente;
- l'obbligo di ripararsi all'interno di edifici con porte e finestre chiuse e impianti di ventilazione spenti;
- precise indicazioni su cosa mangiare e cosa evitare in base alle probabilità e quantità di contaminazione.

Ma è davvero la prassi migliore? Se lo è chiesto anche Obama che, dopo essere diventato presidente, ha deciso di rivedere le linee guida per affrontare un eventuale bombardamento nucleare in America – un documento di novantadue pagine stilato durante l'amministrazione Bush. Ha avviato nuove consultazioni e ricerche per tradurre nella pratica i contenuti del progetto e informare i cittadini nel modo migliore. Il nuovo piano guida, come spiega il «New York Times», sostiene per esempio che scappare dal luogo dell'attacco subito dopo l'esplosione nucleare aumenta di molto le probabilità di non sopravvivere. La cosa migliore da fare, dicono gli esperti, non è scappare, ma cercare un posto sicuro in cui rifugiarsi. Non deve trattarsi necessariamente di un bunker antiatomico: anche infilarsi in un'automobile può alzare le probabilità di sopravvivenza del 50 per cento.

Uno studio su un ipotetico attacco nucleare contro Los Angeles ha dimostrato che, se gli abitanti distanti 1,5 chilometri dal punto dell'esplosione tentassero la fuga, ci sarebbero almeno 285.000 vittime dovute alla pioggia radioattiva. Se invece cercassero un qualsiasi tipo di rifugio il numero potrebbe ridursi a 125.000, meno della metà. Se tutti scendessero nelle cantine o nei tunnel della metropolitana, i morti sarebbero 45.000.

Sono comunque un'enormità, ma sono meno delle 240.000 persone che rischierebbero una contaminazione letale per l'inadeguatezza dei piani di emergenza. Anche per gli esperti è difficile sapere cosa è meglio fare in questa situazione – Bush non aveva certo stilato le sue linee guida da solo – ma se le indicazioni sono così contraddittorie, come possiamo fidarci di quello che ci viene detto? Accettando il nucleare mettiamo la nostra vita nelle mani di persone che non sanno neanche se è meglio scappare o chiudersi in casa.

Poi il volantino dell'Agenzia per le emergenze nucleari consiglia di tenersi informati con radio e tv, come se in caso di pericolo fossero fonti affidabili. Molti incidenti vengono messi sotto silenzio o minimizzati finché è impossibile negare l'evidenza; anche in questo caso si cerca però di ridimensionare l'entità del pericolo.

Chernobyl lo ha dimostrato: la prima notizia si è avuta due giorni dopo il disastro, per caso. La Svezia – non il Cremlino – ha mandato fuori un comunicato: «I centri di controllo svedesi hanno registrato livelli di radioattività più alti del normale che potrebbero essere causati da una perdita di una centrale nucleare dell'Unione Sovietica». Un'ora dopo Mosca, sentendosi alle strette, ha confermato: «Un incidente è avvenuto nella centrale atomica di Chernobyl in seguito a un danneggiamento di un reattore atomico». Solo in maggio sono arrivate informazioni precise sull'incidente e il numero di morti, che tuttora le autorità sottostimano.

Gli altri consigli del volantino sono a prova di idiota: informatevi su dove sono le centrali e i depositi di scorie e non andateci! Se proprio vi trovate a passeggiare in mezzo a una nube tossica, sarebbe opportuno accelerare il passo, perché «limitare il tempo passato vicino alla sorgente di radiazioni riduce la quantità di radioattività che ricevete».

Le radiazioni e i loro effetti

Ogni volta che andiamo a fare una lastra a raggi X, ci sottoponiamo a una bella dose di radiazioni ionizzanti, che sono tanto forti da riuscire a spezzare i legami chimici. E questo per un semplice esame: immaginate cosa succede con un incidente nucleare. Le radiazioni ionizzanti, assunte in grosse quantità, possono provocare seri danni alle cellule e di conseguenza all'intero organismo. Se ci va bene, gli effetti si manifestano solo su di noi (effetti «somatici»), alcuni subito, altri nel tempo.

Gli «effetti somatici immediati» sono quelli che compaiono qualche giorno, o al massimo qualche settimana, dopo l'esposizione. Quando avviene un incidente, le irradiazioni sono acute, cioè di forte intensità e breve durata, e provocano un danno cellulare così esteso da pregiudicare un intero organo o tessuto. Ovviamente la gravità dei sintomi aumenta al crescere della dose assorbita.

Tipiche conseguenze post-incidente sono: eritema (semplice, bolloso, ulceroso), dermatite cronica; caduta di capelli, barba e peli cutanei; riduzione del numero di linfociti; riduzione del numero di piastrine; fenomeni di arrossamento, gonfiore o ulcerazioni al sistema gastrointestinale; riduzione del numero di spermatozoi e possibile sterilità temporanea o parziale; fenomeni infiammatori ai tessuti bronchiali e polmonari; riduzione della secrezione ormonale della ghiandola tiroidea; trofismo, e in casi di esposizione molto intensa, necrosi del tessuto osseo; comparsa di lesioni di tipo degenerativo o sclerotico dei reni; e infine, la morte.

E se dopo qualche settimana non è successo nulla di tutto questo, l'abbiamo scampata? È presto per dirlo: esistono anche gli «effetti somatici tardivi», che possono comparire molti anni dopo l'esposizione. Quello che tra tutti spicca di più per gravità e frequenza è il tumore, ma non è il solo: le radiazioni possono provocare la dermatite cronica, la cataratta, le anemie e le leucopenie croniche.

Sono effetti somatici anche quelli legati all'irradiazione nell'utero: il feto che viene contaminato ha probabilità più alte di sviluppare malformazioni anche molto gravi. I tessuti fetali o embrionali sono infatti particolarmente radiosensibili, tanto che le donne incinte non vengono di solito sottoposte a lastre.

Nonostante la gravità di queste malattie, un incidente nucleare può avere conseguenze ancora peggiori quando le radiazioni intaccano il corredo genetico delle cellule riproduttive. Sono i cosiddetti «effetti genetici» che possono essere trasmessi anche ai nostri figli, ai figli dei nostri figli, e così via. Si tratta di mutazioni genetiche (alterazione nella funzione dei singoli geni), mutazioni cromosomiche (alterazione nella struttura dei cromosomi) o variazione del numero di cromosomi.

Per questo è difficile quantificare le vittime reali di un incidente nucleare: gli effetti si manifestano nel tempo e si trascinano per generazioni. Come è possibile decidere se un tumore doveva capitare o se è stato provocato dalla radioattività? Un'incertezza a tutto vantaggio delle autorità, che possono minimizzare le conseguenze degli incidenti e «far tornare i conti». La prova più evidente si ha a Chernobyl, dove ancora adesso il numero delle vittime indirette è fortemente sottostimato: 140.000 per Greenpeace, 9000 secondo le fonti ufficiali.

Miso sae areba

Gli organi più sensibili, che possono manifestare tumori anche nel giro di poco tempo, sono il midollo osseo, con conseguente calo dei globuli bianchi e delle difese immunitarie (nei casi peggiori è necessario un trapianto), il seno, i reni e la tiroide.

Tessuto	*Effetti immediati*	*Effetti tardivi*
Cute	Eritema, edema, desquamazione	Pigmentazione e ispessimento, fibrosi, cancro
Ossa	Atrofia	Necrosi ossea nel bambino, chiusura precoce delle epifisi
Midollo osseo	x	Fibrosi interstiziale
Ovaie e testicoli	Necrosi, atrofia follicolare	Atrofia e fibrosi dei tubuli seminiferi
Mammelle	x	Fibrosi, cancro
Polmoni	Polmonite, edema, morte delle cellule epiteliali ed endoteliali	Fibrosi interstiziale e intra-alveolare, cancro
Intestino	Edema, ulcerazione e necrosi della mucosa	Ulcere, fibrosi e retrazione della mucosa (stenosi), aderenze, cancro
Fegato	Patologia veno-occlusiva	Cirrosi, tumori epatici
Reni	Nefrite acuta	Perdita graduale del parenchima renale con insufficienza renale cronica (atrofia), fibrosi interstiziale
Vescica	Erosione della mucosa	Fibrosi della sottomucosa, cancro
Cervello	Sonnolenza temporanea, edema, necrosi	Necrosi della sostanza bianca, gliosi, cancro, ritardo di sviluppo dei bambini in tenera età
Occhi	x	Cataratta
Orecchie	x	Sordità
Tiroide	x	Ipotiroidismo, cancro
Timo e linfonodi	Atrofia	Linfomi

I reni sono particolarmente esposti quando le radiazioni vengono dall'uranio. I vecchi manuali di guerra consigliano di contrastarlo con il bicarbonato, che si lega all'uranio e ne favorisce l'espulsione. Solo che servono quantità imponenti: dai quindici ai trenta chili, a cui aggiungere possibilmente vere e proprie immersioni in bagni con bicarbonato.

Il pericolo per la tiroide invece è lo iodio radioattivo: le popolazioni continentali manifestano una carenza cronica di iodio, quindi i recettori presenti nella ghiandola sono liberi. Quando lo iodio radioattivo entra in circolo, va a legarsi ai recettori e viene assorbito dall'organismo. Da questo punto di vista noi italiani siamo abbastanza protetti, perché stiamo vicini al mare; tutt'altro discorso per Paesi come la Slovacchia: se succedesse qualcosa a Mochovce, di chi sarebbe la colpa?

Per prevenire alcuni di questi effetti, in caso di incidente atomico vengono distribuite tavolette di iodato di potassio che saturano i recettori della tiroide, così lo iodio radioattivo è espulso perché in eccesso. Si tratta comunque di una soluzione tampone: non si possono assumere più di 130 milligrammi di iodato al giorno per qualche giorno, perché una dose superiore risulterebbe tossica. Ventiquattro ore dopo la somministrazione finisce l'effetto e si resta scoperti.

I giapponesi, che le radiazioni le conoscono bene, vantano un'arma speciale che hanno trovato «grazie» alle bombe sganciate dagli americani. È il miso, che deriva dalla fermentazione di soia, riso, orzo, frumento o segale. «Miso sae areba», finché c'è il miso va tutto bene, recita un proverbio. Il miso ha infatti un forte effetto depurativo che aiuta a espellere gli elementi radioattivi, con il risultato che si diventa fino a cinque volte più resistenti alle radiazioni. Infatti nel dopoguerra all'ospedale di Nagasaki un medico si è accorto che la mortalità dei pazienti che mangiavano miso era più bassa rispetto agli altri.

I ricercatori dell'università di Hiroshima hanno testato questa scoperta sottoponendo topi di laboratorio a una dose di raggi X letale per l'uomo. Il 60 per cento è sopravvissuto, cioè quelli che avevano mangiato regolarmente miso.

Ma al di là delle rassicuranti pillole che governi e agenzie ci propinano, è evidente che non esiste modo di mettersi al riparo dalla contaminazione. Proteggersi per due o tre giorni dopo l'incidente è come andare contromano in autostrada: non è che se rallentiamo ci siamo messi al sicuro. Abbiamo solo qualche probabilità in più di sopravvivere: la vera soluzione sarebbe fermarsi e andare nella direzione giusta. Iodio e bicarbonato possono ridurre gli effetti immediati di alcuni elementi radioattivi, ma ne restano in circolo per anni e anni altri, come il cesio e lo stronzio, con tutto il loro potenziale cancerogeno.

Ne ha fatto le spese, tra i tanti, l'attore americano John Wayne, morto l'11 giugno 1979 per un tumore allo stomaco. Già nel 1964 era stato operato per un cancro al polmone. Entrambi i tumori pare siano stati causati dall'esposizione alle radiazioni prodotte da esperimenti nucleari in Nevada, proprio accanto al deserto dello Utah, dove nel 1955 erano state girate le riprese del film *Il conquistatore*. Non soltanto lui, ma anche il resto della troupe fu colpito da effetti tardivi riconducibili alla stessa esposizione.

Questioni di testa

Se il detto «mens sana in corpore» sano è corretto, è vero purtroppo anche il contrario: chi è colpito nel fisico (o rischia di esserlo) può risentirne anche a livello psicologico.

Sulla base di alcuni dati raccolti in occasione dei maggiori incidenti nucleari, gli esperti hanno notato che le popolazioni esposte al pericolo delle radiazioni non mostravano soltanto sintomi strettamente fisici, ma anche conseguenze di tipo psicologico e psicosomatico. Mentre l'entità del danno fisico è spesso legata alla quantità di radiazioni, nel caso dello stress psicologico la dimensione dell'esplosione conta poco. Gli effetti sono molto soggettivi e dipendono dal timore, dalla paura, dallo sconvolgimento dei modi e dei ritmi di vita. Le conseguenze però possono diventare assai concrete: problemi cardiaci, sindromi nervose e indebolimento del sistema immunitario sono tra le più comuni.

Nelle popolazioni evacuate dopo il disastro di Chernobyl è stato osservato uno stato di ansia e di stress di tipo cronico – con disturbi di vario genere – insonnia e difficoltà di apprendimento. Si tratta di disturbi classificati come «sindrome da radiofobia» che non sono direttamente legati all'effetto delle radiazioni, ma al timore di esse. È come vivere in un continuo stato di allerta.

Prevenire per legge

Anche se non abbiamo più centrali attive (psiconuke permettendo), non significa che siamo fuori pericolo radiazioni. Siamo ancora pieni di materiale contaminante: centrali in disuso, centri di ricerca, depositi, stabilimenti o luoghi in cui si detengono o s'impiegano sostanze radioattive sono tutti potenziali «untori», dai quali potrebbe partire la propagazione di radiazioni ionizzate. Potrebbe succedere qualcosa anche durante il trasporto dei rifiuti, o a causa di un incidente che coinvolga, per esempio, un sottomarino a propulsione nucleare.

Il pericolo è talmente concreto che esiste persino un'apposita legge (decreto legislativo del 17 marzo 1995, numero 230), entrata in vigore il 1° gennaio 1996, per disciplinare tutte le attività che implicano la detenzione, l'immagazzinamento, la produzione, la manipolazione, il trattamento e l'eliminazione delle sostanze radioattive naturali o artificiali. In base a questa legge, l'Agenzia nazionale per la protezione dell'ambiente ha il compito di coordinare le misure adottate nel nostro Paese, di promuovere l'installazione di stazioni di prelievo dei campioni e di misura, di trasmettere agli organismi competenti le informazioni relative ai rilevamenti effettuati. I controlli vengono svolti tramite una rete di rilevamento su tutto il territorio nazionale, capace di misurare il fallout da test nucleari, da incidenti gravi, da contaminazione a largo raggio e di valutare le dosi assorbite dalla popolazione a causa della radioattività dissolta nell'ambiente.

In sostanza, per legge, non può essere autorizzata alcuna attività che comporti l'esposizione alle radiazioni – a meno che il fine di tale attività non rappresenti un beneficio netto e positivo per gli interessati – e tutte le esposizioni alla radiazioni dovranno essere mantenute a livelli tanto bassi quanto è concretamente ottenibile tenendo conto dei fattori economici e sociali. A decidere del beneficio e del livello «accettabile» di radiazioni non sono però, purtroppo, gli interessati. Come si può stabilire fino a che punto rischiare in nome di un presunto e indimostrato bene comune?

La contaminazione ambientale a Fukushima

Il contagio umano non avviene solo per esposizione diretta all'irradiamento, ma anche per aver mangiato cibi contaminati. Acqua, terra, aria: le radiazioni non risparmiano nessuno degli elementi naturali. Di conseguenza, tutti gli isotopi radioattivi dispersi nell'ambiente possono tranquillamente entrare a far parte delle catene biologiche e creare condizioni di rischio per la nostra salute.

Alcuni studi hanno infatti dimostrato che radioisotopi come il piombo-210 e il polonio-210 si concentrano nel pesce e nei molluschi, esponendo a dosi elevate chi ne mangia in grande quantità. Lo stesso accade quando questi stessi radioisotopi si concentrano nei muschi e nei licheni, e di conseguenza nella carne degli erbivori che se ne nutrono. In questi casi c'è il rischio di assumere attraverso il cibo una contaminazione che va trenta volte oltre i livelli medi ambientali.

Altri processi di accumulo della radioattività nelle catene biologiche sono stati scoperti in Australia, dove alcune popolazioni che si nutrono di carni e frattaglie di pecora e di canguro subiscono esposizioni settanta volte superiori ai livelli medi normali.

E in caso di incidente basta vedere cosa sta succedendo a Fukushima. Dopo l'11 marzo, le sostanze radioattive sparse nell'aria e quelle gettate nell'oceano davanti alla centrale stanno contaminando acqua e cibo come non era mai successo.

Quando si saprà la verità sugli effetti del disastro, forse vorremo cambiare pianeta. Fukushima sta facendo impallidire Chernobyl: non si possono seppellire i morti, il raggio di suolo radioattivo si sta estendendo in maniera incontrollabile e le falde sotto i reattori registrano livelli di radioattività abnormi.

La stessa Tepco, la società che gestisce l'impianto colpito dal terremoto, ha ammesso che in mare c'è un tasso di iodio radioattivo 7,5 milioni di volte superiore al limite legale. Il rilascio di acqua contaminata nell'oceano è stata una violazione senza precedenti delle normative di sicurezza. Ma, hanno detto, era inevitabile: il governo ha giustificato l'azione come una sorta di male minore. Assicurando ovviamente che non c'è nessun pericolo. Eppure la Tepco ha dichiarato che pagherà indennizzi ai cittadini e agli agricoltori che abitano vicino alla centrale. Si farà carico di spese mediche, rimborso per i mancati guadagni dopo l'evacuazione e per il costo della vita causato dalle nuove linee guida dettate dal governo. Visto che l'azienda è sull'orlo del disastro e di certo non ha molti soldi da spendere, questa improvvisa prova di generosità è quanto meno sospetta. Lo capirebbe anche un bambino che, al contrario delle rassicurazioni di Tokyo, il pericolo c'è eccome.

Sono anche iniziati i rilevamenti dei livelli di radiazione in più di 1400 scuole e asili nido, visto che i bambini, assieme ai feti, sono i soggetti più a rischio di tumore da adulti.

L'Organizzazione mondiale per la sanità ha intanto definito «grave» anche la contaminazione radioattiva di cibo in Giappone: a Tokyo c'è l'obbligo di non mangiare verdure a foglia larga e non bere latte proveniente dalla zona nel raggio di trenta chilometri intorno al luogo del disastro. Il portavoce regionale dell'Oms Peter Cordingley ha affermato: «È abbastanza chiaro che si tratta di una situazione grave. È molto più seria di quanto avevamo pensato in un primo momento, quando credevamo che questo tipo di problema fosse limitato entro venti-trenta chilometri dalla centrale. Ora è lecito supporre che prodotti contaminati siano usciti dalla zona».

Si è già scatenato il panico per la carne, la frutta e la verdura provenienti dal Giappone, che è un grande esportatore di cibo, in particolare di pesce. Negli aeroporti di mezzo mondo sono scattate le misure di sicurezza per evitare che i prodotti contaminati arrivino sul mercato. In Italia Coldiretti ha imposto per precauzione il blocco delle derrate alimentari giapponesi con data successiva all'11 marzo.

Salgono intanto – e di molto – i prezzi delle merci importate in Giappone, soprattutto cibo e bevande. Le conseguenze peseranno nelle tasche di tutti i cittadini; d'altro canto chi vorrebbe correre il rischio di mangiare sushi radioattivo? Né noi né loro.

La pensa diversamente la Commissione europea che dopo la scoperta di radioattività negli alimenti nei pressi di Fukushima, ha pensato bene di alzare la soglia di contaminazione per alcuni beni alimentari provenienti dal Giappone. Normalmente il livello massimo consentito di cesio-134 e di cesio-137 per il cibo è di 600 becquerel: adesso è a 1250, più del doppio! Per i prodotti caseari, al posto dei normali 370 becquerel, si è passati a 1000. La soglia massima era stata fissata nel 1987 dopo la catastrofe di Chernobyl, e da allora i valori non erano più stati cambiati. Mi sembra logico: aumenta il rischio di radioattività e noi che facciamo? Alziamo il limite consentito! Una misura che forse farà bene all'economia del Giappone, un po'meno alla nostra salute.

Le bugie di Chernobyl

Venticinque anni dopo, Chernobyl è ancora una parola che fa paura. Di certo è stata una delle più grandi bugie del Ventunesimo secolo. I vari studi effettuati a posteriori, che però difficilmente riescono a raggiungere il grande pubblico, hanno raccolto dei dati sull'incidente e sul post-esplosione davvero impressionanti. Nei primi giorni dopo il disastro alla centrale nucleare sono morti quattro piloti di elicottero che operavano in volo sopra la centrale, sei pompieri intervenuti per spegnere l'incendio, ventiquattro dipendenti dell'impianto e trentuno lavoratori (i cosiddetti «liquidatori», che si occupavano di raccogliere le macerie radioattive, radunarle sopra ciò che era rimasto del reattore esploso e coprire tutto il più in fretta possibile). Ma le vittime di questa terribile tragedia, non si fermano qui: sono stati 134 gli operatori fortemente irraggiati, e migliaia quelli che sono morti tra la fine del 1986 e il 1989. Le patologie croniche riscontrate in chi aveva partecipato alla liquidazione dell'incidente sono state: rinite, tosse secca, insufficienza respiratoria o polmonare, emicrania, disturbi della memoria, debolezza, sudorazione generalizzata, tachicardia, dolori articolari, insonnia, perdita della coscienza, difficoltà di concentrazione, perdita della vista e torpore alle mani e ai piedi.

Tutto questo senza contare le 150.000 persone morte di vari tipi di cancro che il disastro di Chernobyl pare abbia causato. Ancora oggi, circa sette milioni di persone continuano a essere a rischio. A uccidere, di anno in anno, è il fallout radioattivo, la contaminazione della terra, del cibo e dell'acqua causata dall'esplosione che ha interessato 1500 chilometri quadrati di territorio dell'ex Unione Sovietica. Il prezzo maggiore tocca alla Bielorussia, dove la ricaduta radioattiva (il 70 per cento del totale) ha contaminato il 23 per cento del territorio.

«Se nel 1986 ci fu un'enorme responsabilità del governo dell'ex Urss che non avvertì la popolazione di quello che stava accadendo e mandò a morire senza nessuna precauzione migliaia di liquidatori» spiega Angelo Gentili, responsabile del progetto Chernobyl di Legambiente «oggi ci sono altrettante responsabilità del governo bielorusso, ma anche della comunità internazionale, che non fa niente.»

«La popolazione vive letteralmente ai limiti della decenza» prosegue Gentili «continua a mangiare cibi radioattivi e a vivere in zone altamente contaminate. Nonostante questo il governo bielorusso pensa addirittura di ripopolare le zone che vennero evacuate subito dopo l'esplosione, mentre quello di cui ci sarebbe bisogno sono investimenti per la prevenzione e il monitoraggio della salute. Senza dimenticare che, come Hiroshima e Nagasaki insegnano, gli effetti maggiori si vedranno soprattutto nei prossimi anni.»

Quelle che una volta erano tra le zone agricole più ricche del mondo ora sono campi sterminati il cui suolo contiene cesio, stronzio e altri elementi radioattivi che talvolta ritornano in superficie, seguendo il ciclo vitale delle piante. Un incendio in un bosco potrebbe provocare una nube di materiali radioattivi in grado di contaminare le comunità vicine.

Anche gli animali non stanno messi meglio. Per esempio, una recente ricerca di Timothy Mousseau dell'università del Sud Carolina e di Andres Moller dell'università di Parigi ha scoperto che gli uccelli della zona di esclusione tendono a morire prima perché la dimensione del cervello è inferiore del 5 per cento.

L'Unione europea ha quindi deciso di estendere al 2020 i controlli attualmente in vigore sull'eventuale radioattività dei cibi provenienti dall'area intorno a Chernobyl. Le norme erano scadute il 31 marzo 2010, ma le autorità comunitarie le hanno prorogate perché la quantità di cesio radioattivo presente nei prodotti è tuttora superiore ai livelli consentiti.

Chi vive lì continua però a mangiare e respirare radiazioni. I più esposti sono i bambini, di solito 4 o 5 volte più sensibili alle radiazioni degli adulti. Nelle aree fortemente contaminate dai «veleni invisibili» l'80 per cento dei bambini nati dopo il 1986 ha problemi di salute alla nascita e il 98 per cento non è «completamente sano». Quelli morti per cancro alla tiroide sono più di 1800.

Per la maggior parte di queste vittime non è previsto alcun tipo di assistenza. Ogni anno qualche centinaio di bambini proveniente dalle zone contaminate, di solito con problemi alla tiroide e in generale con problemi di salute, passa le vacanze nel sud della California. Altri vengono da noi, attraverso l'associazione La Rondine. Un breve periodo per respirare iodio e disintossicarsi da tutte le schifezze che assorbono quotidianamente. Giornali e tv insistono su questa iniziativa, sia per sollecitare la cooperazione umanitaria, sia per mantenere vivo il ricordo di quanto è accaduto. Il pubblico però è portato a credere che aiutando i bambini il problema si risolve. La verità è che è soltanto un palliativo. Ciò che è successo realmente a Chernobyl verrà sistematicamente tenuto nascosto all'opinione pubblica: la radioattività farà in tempo a decadere prima che si sappia davvero quanto male ha fatto il disastro.

Prove di guerra a Mururoa

L'avventura nucleare transalpina è iniziata il 13 febbraio 1960 nel Sahara: per sei anni, quattro test atmosferici e tredici sotterranei sono serviti a creare le basi della *force de frappe* (forza d'urto) nucleare. Una decina d'anni dopo, gli esperimenti sono stati spostati nella Polinesia francese – cinque arcipelaghi con 118 isole di cui 67 abitate – e, in particolare, negli arcipelaghi di Mururoa e Fangataufa, dove oggi vivono solo 23 militari. Il 2 luglio 1966 è stata fatta esplodere una bomba nucleare di 30 chilotoni (più potente di Little Boy, la bomba all'uranio di Hiroshima); due anni dopo è stata la volta della prima bomba H, con una potenza di 1000 chilotoni. Nei successivi trent'anni i francesi hanno realizzato nei «loro» territori polinesiani 193 test nucleari, 46 atmosferici e 147 sotterranei, per un equivalente di radiazioni rilasciate pari a 700 bombe di Hiroshima.

Il primo stop a questa abominevole pratica è arrivato soltanto nel 1992 da François Mitterrand, che ha deciso una moratoria sugli esperimenti. Ma nel giugno 1995, appena un mese dopo il suo arrivo all'Eliseo, Jacques Chirac ha annunciato la ripresa degli esperimenti per consentire alla Francia di mettere a punto la tecnica della simulazione e poi bandire per sempre i test. La decisione ha suscitato durissime reazioni a livello internazionale e dopo sei test, contro gli otto previsti, l'allora capo di Stato francese ha chiuso la campagna e firmato il Trattato internazionale che vieta i test nucleari.

Nonostante la Francia continui a far fatica ad ammettere i danni provocati dai test – ricorre sistematicamente in appello contro le decisioni dei tribunali che indennizzano le vittime – uno studio proveniente dagli Stati Uniti riconosce, dal 1988, trentuno tipi di malattie, fra cui venticinque cancri, che possono essere stati provocati dagli esperimenti su persone presenti in un raggio di 700 chilometri attorno al «punto zero». Anche Greenpeace afferma che il numero di tumori globali potrebbe aumentare di più di due milioni se si continuasse con questa «Terza guerra mondiale» dei test atmosferici.

Il sospetto che le sperimentazioni francesi avessero fatto aumentare i casi di cancro alla tiroide nelle isole della Polinesia c'è sempre stato, ma è diventato certezza quando un gruppo di ricercatori dell'Istituto nazionale della sanità e della ricerca medica, per bocca di uno dei suoi direttori, Florent de Vathaire, ha assicurato di aver stabilito un legame fra le ricadute dovute ai test nucleari e il rischio di un cancro di questo tipo. La ricerca è stata compiuta su 239 casi manifestatisi fra il 1966 e il 1999. La relazione fra il cancro alla tiroide e gli esperimenti è stata stabilita con la ricostruzione delle dosi di radioattività nell'aria e i dati meteorologici disponibili. Il numero di tumori direttamente riconducibili senza ombra di dubbio ai test è minimo, appena una decina, ma è il contesto a essere senza possibilità di appello. «La relazione è netta» ha detto Vathaire «se si prende in conto la dose, qualunque sia l'età al momento dell'irradiazione. Ed è perfino rafforzata se si studia la dose ricevuta prima dei quindici anni e prima dei dieci anni.» Ma per quantificare con esattezza i danni, il governo dovrebbe rendere disponibili alcuni documenti dei servizi di radioprotezione dell'esercito, ancora coperti dal segreto.

Un altro studio condotto da Greenpeace dimostra che l'isola di Mururoa è ormai diventata un'enorme discarica di materiale radioattivo: ammassi di terra contaminata, scarti dei materiali di decontaminazione, vestiti contaminati eccetera. E non esiste nessun decreto ufficiale che preveda lo smantellamento e lo smaltimento di queste tonnellate di spazzatura radioattiva. Anzi, la Francia continua a sostenere che il processo di «vitrificazione» dei materiali radioattivi è andato avanti e la dispersione di scorie non è mai stata pericolosa.

Ma oltre a essere minacciati dalla contaminazione nucleare, i polinesiani, sempre a causa degli «indispensabili» test condotti dal governo francese, sono anche ad alto rischio tsunami. La natura, dopo anni di torture e maltrattamenti, sta presentando il conto.

Fin dall'epoca degli esperimenti, realizzati proprio sotto la barriera corallina, erano visibili fenomeni di sprofondamento. A oggi, i rischi sono di due tipi:

1) la caduta di un *pan* (un blocco corallino dell'ordine di 100 milioni di metri quadrati) che provo-

cherebbe un'ondata di tre metri che non sarebbe percepita a Tureia (il solo atollo che potrebbe essere interessato da eventi di questo tipo a Mururoa);

2) il distacco di una *loupe* (ovvero di un blocco corallino da 600 milioni di metri quadrati in su) che causerebbe ondate da sei a venti metri d'altezza, il doppio di quelle che hanno devastato le coste giapponesi.

La struttura dell'atollo si presenta talmente indebolita che anche Marcel Jurien, esperto dell'ente che si occupa della sicurezza nucleare dei siti della Difesa francese, ha dovuto ammettere il rischio di un distacco della barriera: «Non possiamo ignorare che questo fenomeno possa accadere. Siamo incapaci di determinare quando accadrà con esattezza, ma saremo in grado di misurare i segnali premonitori di un tale slittamento con diverse settimane di anticipo».

Dagli inizi degli anni Ottanta, la Difesa francese ha infatti dotato il suolo di Mururoa di un sistema di sorveglianza geomeccanica che allerta gli occupanti di ogni eventuale movimento del terreno. La decisione è stata presa dopo l'episodio Tydé, nome in codice del test nucleare numero 97 effettuato il 25 luglio 1979, che ha causato il crollo nell'oceano di un blocco corallino di diverse decine di metri quadrati e un'onda di due metri che ha colpito zone abitate. Teoricamente il sistema di rilevamento dovrebbe consentire di dare un allarme di novanta secondi se si stacca un «piccolo» blocco cristallino e di più settimane in caso di pericolo tsunami.

Ciononostante, la popolazione di Tureia ha paura. «Tutto quello che ci hanno dato» ha commentato scettico uno degli abitanti «sono delle sirene, per avvertirci che l'onda sta arrivando e che moriremo.»

Come dargli torto? La cosa più triste è che, ancora una volta, è tutto frutto di uno scellerato colonialismo nucleare che ha trasformato Mururoa in un poligono atomico, mentre tutti dicevano che gli esperimenti nucleari erano puliti.

CONTAMINAZIONI QUOTIDIANE

Se non capitano incidenti conclamati, ma viviamo vicino a centrali e depositi, siamo al sicuro da contaminazioni? Assolutamente no. La soglia di radiazioni considerate «accettabile» viene definita su base economica, cioè quante radiazioni i cittadini vicino alla centrale devono essere disposti a sopportare a fronte del presunto beneficio comune.

La storia del nucleare è piena di casi che dimostrano come i criteri di accettabilità siano inaccettabili. Prendiamo i due maggiori impianti europei di ritrattamento delle scorie nucleari, Sellafield (l'ex Windscale) e La Hague. Entrambe le zone sono altamente contaminate. Nel 1983 un documentario denunciò che il tasso di incidenza della leucemia vicino a Sellafield era dieci volte superiore al normale; nel 1993 era salito a quattordici. Questa volta ad ammetterlo è stato direttamente il governo britannico in un rapporto ufficiale. Tumori alla tiroide, alla pelle e disturbi cardiocircolatori sono più frequenti qui che altrove. I lavoratori dell'impianto hanno concentrazioni di plutonio mille volte maggiori della media nazionale, ma chiunque vive nella zona ne risente e ha una concentrazione di plutonio 250 volte superiore alla norma.

Acqua, terreno, frutta, verdura, carni sono tutti contaminati. Nel 1999 la stessa Greenpeace è andata a fare rilevazioni a Sellafield e ha scoperto che «lungo la costa e in prossimità degli scarichi liquidi degli impianti molto del materiale analizzato» era «talmente contaminato da poter essere classificato come rifiuto radioattivo. Alcuni dei campioni avevano livelli di radioattività più alti di quelli riscontrati a Chernobyl nelle fasi immediatamente successive all'incidente».

Le contaminazioni non rimangono certo confinate: l'impianto scarica nel mare d'Irlanda nove milioni di litri al giorno, per un totale di mezza tonnellata di plutonio dall'inizio dell'attività a oggi. Le ciminiere non fanno di meglio. Gas, vapori e fumi fuoriusciti entrano nell'atmosfera e vengono in parte inalati, in parte vanno a costituire una nube tossica che si sposta con le correnti. Le sostanze si depositano al suolo e coprono come una patina frutta e verdura; altre restano semplicemente in circolo: attraverso la pioggia e il suolo vengono assorbiti dalle radici ed entrano nella catena alimentare.

Parte delle sostanze radioattive se ne va a zonzo per il mare – ne sono state trovate tracce lungo la costa fino alla Groenlandia e al Canada – ed entra nella catena alimentare ittica.

Non va meglio a La Hague: nel 2006 l'esame delle falde acquifere della Normandia rilevava in media 750 becquerel per litro, contro il limite di 100 previsto a livello europeo. La contaminazione arriva dal deposito dell'impianto per il ritrattamento, entra nelle falde e da lì si diffonde nella catena alimentare.

Che fare? I cittadini hanno pochi mezzi per difendersi: non comprare carne, frutta e verdura provenienti da zone contaminate. Se poi ci vivono, non hanno scampo: l'inquinamento è a tutti i livelli, dalle radici nel sottosuolo all'aria che respirano. Possono solo trasferirsi. O mettersi l'elmetto in testa e fermare questa schifezza che pregiudica la salute di tutti.

Sempre che ne siano a conoscenza: una delle zone più

inquinate del mondo è il Mayak, in Russia. Nel 1948 era stato installato un impianto per la fabbricazione del plutonio, che aveva sversato scorie radioattive di medio e alto livello nel fiume vicino. L'unico della zona, che serviva tutti i centri abitati. Solo qualche anno più tardi il governo ha imposto di non utilizzare quell'acqua, ma ha aspettato trentacinque anni per spiegare il motivo. I cittadini hanno vissuto in una zona altamente contaminata senza saperlo e si sono trovati di fronte divieti di cui non hanno capito – e probabilmente rispettato – il significato. Secondo i dati ufficiali, 28.000 persone sono state gravemente esposte alla radiazioni, più di 8000 sono morte e un migliaio soffre di disturbi legati alla contaminazione. Stime probabilmente riduttive: la leucemia è aumentata del 78 per cento e un terzo dei bambini nasce con problemi al cuore o al sistema nervoso. La radioattività che è stata riversata nel lago Karachai, il più contaminato in assoluto, è ancora così alta che basta una passeggiata di un'oretta per andare incontro a morte certa.

5

Il nucleare degli altri è sempre più verde

L'era nucleare

È il 2 dicembre 1942 quando Enrico Fermi innesca la prima reazione nucleare a catena controllata della storia. Nel 1934, nei laboratori di Roma in via Panisperna, sotto la sua guida un gruppo di scienziati – tra cui spiccano Emilio Segrè ed Ettore Majorana – aveva scoperto che un nucleo di uranio-235 bombardato con neutroni rallentati si fissiona, cioè si divide in due parti. Nel processo si sprigiona calore e si liberano due o tre neutroni veloci che possono colpire altri nuclei. Si genera così una reazione a catena che rilascia un'enorme quantità di energia.

Nel 1938, mentre Fermi è diretto a Stoccolma per ritirare il Nobel, un'équipe di scienziati, tra cui il fisico Otto Hahn, riesce a dimostrare il principio della fissione. Da lì in poi il mondo non è più lo stesso: questa scoperta – ampliata, estesa e perfezionata da studi successivi – porta con sé lo stesso potenziale distruttivo del vaso di Pandora che non avrebbe mai dovuto essere scoperchiato.

Con i passi avanti fatti dai suoi colleghi, Fermi è in grado di comprendere la reazione nucleare a catena: nel marzo 1939 annuncia trionfalmente al mondo che con l'energia termica liberata dalla fissione del nucleo di uranio sarebbe stato possibile azionare macchine e navi.

Le potenzialità della nuova scoperta si capiscono presto. Dopo il suo viaggio a Stoccolma Fermi, perseguitato dalle leggi razziali, emigra a Chicago. Ed è proprio qui, nell'ambito del progetto Manhattan nella palestra dello stadio universitario, che il primo reattore a fissione – il Chicago Pile-1, la cosiddetta «pila Fermi» – segna l'inizio dell'era nucleare. «Il navigatore italiano ha scoperto il nuovo mondo»: così si esprime il fisico, parafrasando le parole di Colombo dopo lo sbarco nelle Indie. Esattamente come Colombo, non sapeva in quale terra era arrivato.

Make love, not war

Le contingenze storiche non potrebbero essere peggiori: nell'estate di quell'anno, con la Seconda guerra mondiale all'orizzonte, diventa subito chiaro che il nucleare può avere utilizzi bellici con scenari di distruzione su vastissima scala. Di lì a poco il governo statunitense stanzia fondi per il progetto Manhattan per valutare il potenziale militare e commerciale della nuova energia. I risultati li conosciamo tutti: le bombe lanciate su Hiroshima e Nagasaki il 6 e il 9 agosto del 1945, a guerra ormai finita.

Al termine del conflitto, Stati Uniti e Unione Sovietica imboccano la strada della cosiddetta «corsa agli armamenti», che raggiunge l'apice negli anni Ottanta quando la potenza dell'arsenale nucleare arriva ai 15.000 megaton (equivalente a oltre un milione di bombe di Hiroshima).

Già dai primi anni Quaranta, i Paesi in guerra

avevano colto il «vantaggio» di costruire centrali atomiche civili che, mentre generano energia, possono fornire plutonio e altro materiale fissile per uso militare. Con l'ulteriore beneficio di ammortizzare gli enormi costi di produzione delle testate nucleari con la vendita dell'energia prodotta. Per questo le centrali fanno risparmiare: non perché sono economiche in sé, ma perché tagliano le spese guerrafondaie tanto care ai governi. Lo sa bene la Francia, che ha investito molto su reattori autofertilizzanti (il Phénix e il Superphénix) che producono come «scarto» della combustione molto plutonio, fondamentale per le bombe.

Il nucleare civile nasce solo e soltanto come sottoprodotto dell'industria militare, come pura ricaduta tecnologica che ha il compito di mettere in sesto i conti e di fare da paravento alle operazioni sporche dei capi di Stato.

La primavera del nucleare italiano

Tra il 1954 e il 1955 negli Stati Uniti viene messa a punto in dodici mesi la prima centrale nucleare della storia, il reattore civile Borax III, in grado di soddisfare il fabbisogno di elettricità di una piccola città dell'Idaho. Nel 1955 la conferenza di Ginevra *Atomi per la pace* dà il via libera al nucleare civile e l'Italia non aspetta a lungo prima di intraprendere questa strada.

Tra il 1958 e il 1964 sono costruite e messe in funzione tre centrali, una dietro l'altra e il Paese si ritrova a investire miliardi di lire per edificare in tempi record i santuari dell'atomo. I siti prescelti sono: Borgo Sabotino (Latina), Sessa Aurunca (Caserta) e Caorso (Piacenza) che, sotto le spoglie di pionieri del futuro, diventano le cavie per testare tre diverse tecnologie di reattori di provenienza angloamericana. L'accoglienza locale spesso è buona: le centrali promettono lavoro, ricchezza e vantaggi in un periodo di crisi nera. Delle devastanti conseguenze si sa ancora poco.

Le ricerche nel campo intanto proseguono: un piccolo reattore nucleare, chiamato «Enrico Fermi» viene costruito nel 1959 all'interno del Politecnico di Milano, tra via Ponzio e via Bassini, a scopo didattico e di ricerca. Resta in uso per vent'anni, fino al 1979, e sviluppa una potenza pari a quella utile a far funzionare venticinque ferri da stiro. Sempre nel 1959, sulle rive varesine del lago Maggiore, a Ispra, una troupe di italiani inaugura col beneplacito del presidente della Repubblica Giovanni Gronchi, il primo reattore civile in Europa, l'Ispra-1, gemello della pila Fermi. Viene realizzato dal Comitato nazionale per la ricerca nucleare, chiamato da lì a poco Cnen, e oggi Enea. Passano tre mesi, quando il governo fa marcia indietro e cede il reattore alla Euratom, la Comunità dell'energia atomica europea, perché lo usi come centro di ricerca.

Nel frattempo la costruzione della centrale elettronucleare a Borgo Sabotino è iniziata da più di un anno: è la centrale dell'Eni e dell'Iri, la prima in Italia.

In quanto a tecnologie, il Paese vuole stare al passo con i grandi e, sempre nel 1958 ha stipulato un contratto di acquisto con la britannica Nuclear Power Plant per un impianto da 210 megawatt di tipo Magnox a gas grafite, identico a quello in costruzione in Inghilterra. Il reattore viene costruito in soli cinque anni e acceso il 27 dicembre 1962. Nel maggio 1963 la centrale entra in servizio commerciale con l'allacciamento alla rete nazionale: è la più grande d'Europa.

Solo un anno dopo iniziano i lavori a Sessa Aurunca, lungo il corso del Garigliano. Questa volta si tratta di un reattore Bwr (Boiling Water Reactor) da 160 megawatt della General Electric. Funziona a uranio leggermente arricchito, moderato ad acqua leggera. Viene costruito dalla Senn, Società elettronucleare nazionale del gruppo Iri, al costo di 70 milioni di dollari.

Gigantismo nucleare

Il 14 ottobre 1955, all'indomani della Conferenza di Ginevra, la Edison aveva chiesto a tutti i principali costruttori di reattori un'offerta per realizzare quella che sarebbe dovuta essere la prima centrale nucleare italiana, e ne era nata la Selni, una società pubblico-privata per la gestione del futuro impianto, composta tra gli altri da Edison, Iri-Finelettrica, Sme e Sip. Per la localizzazione dell'impianto viene scelto un terreno offerto dal comune di Trino Vercellese, che chiude il primo ciclo ultrarapido di costruzioni.

I lavori iniziano il 1° luglio 1961: la centrale viene costruita in meno di tre anni e portata al livello di criticità il 21 giugno 1964. L'impianto, che utilizza un reattore ad acqua pressurizzata (Pwr) della Westinghouse, porta il nome di Enrico Fermi. Nell'attesa di ottenere i permessi governativi, gli ingegneri di Trino si erano scatenati: in corso di costruzione avevano deciso di aumentare la potenza del reattore, sia elettrica sia termica, che una volta in funzione va oltre il progetto iniziale. Il 22 ottobre 1964 è per i due anni seguenti il reattore supera quello statunitense di Indian Point 1 e diventa il più potente del mondo, finché nell'agosto del 1966 viene a sua volta scavalcato dal francese Chinon A3.

Un gigante dai piedi di argilla

Secondo i dati dell'Enel, nel 1965, quando Trino entra in servizio commerciale, le tre centrali funzionanti soddisfacevano il 4,2 per cento del fabbisogno di energia elettrica nazionale, ovvero un trentesimo del fabbisogno totale di un anno, equivalente a 3,9 miliardi di chilowatt/ora. Ed era solo l'inizio: le centrali erano progettate per avere una vita media di trent'anni, o così pareva.

Intanto nel 1962 è avvenuta la nazionalizzazione del sistema elettrico e le licenze delle centrali passano via via alla neonata Enel, che rileva «tutte le attività di produzione, importazione ed esportazione, trasporto, trasformazione, distribuzione e vendita dell'energia elettrica da qualsiasi fonte prodotta». Nel corso degli anni Sessanta la produzione di energia elettrica cresce a un ritmo dell'8 per cento annuo, grazie soprattutto allo sviluppo della fonte termoelettrica. Il petrolio all'epoca costa poco e si investe molto sui combustibili fossili. Le conseguenze si vedranno anni più tardi.

Le prime crepe del trionfalismo atomico compaiono con l'arresto di Felice Ippolito, direttore del Comitato nazionale dell'energia nucleare. In pieno delirio di grandezza, si era posto come obiettivi lo sviluppo delle centrali già in costruzione, la progettazione di nuove centrali e l'indipendenza energetica dell'Italia. Evidentemente la storia del nucleare italiano è da sempre un gigante con i piedi di argilla che non può fare a meno di sbandierare autarchia e onnipotenza per poi crollare su se stesso. O sui cittadini.

Nel 1963 Ippolito viene arrestato per presunte irregolarità amministrative e condannato a undici anni di carcere. In molti sospettano che dietro il caso ci sia lo strapotere dell'industria petrolifera; altri insinuano una connessione con il delitto Mattei, che nel 1964 aveva tolto di mezzo il presidente dell'Eni, convinto sostenitore dell'atomo come alternativa al petrolio. La condanna di Ippolito viene attenuata a due anni, ma nel frattempo il fervore nucleare si è calmato e i piani di sviluppo si ridimensionano.

Nel 1970 parte la costruzione di una quarta centrale, quella di Caorso, a tecnologia Bwr: nasce su richiesta dell'Enel ma viene gestita da Ansaldo in collaborazione con la General Electric. Diventa la più grande centrale italiana, con una potenza elettrica garantita netta di 840 megawatt. La gente del posto chiama il sito familiarmente «Arturo», ma l'impianto non ha niente di amichevole. Già la costruzione parte con il piede sbagliato: le frotte di operai giunti dal sud lavorano in nero e dormono in baracche di lamiera. Mancano i servizi igienici, non c'è una mensa, né un'infermeria. Quando il sindacato denuncia «ignobili speculazioni e ricatti», l'Enel si chiama fuori: la costruzione della centrale è stata subappaltata. Nonostante tutto, in otto anni, l'impianto è in piedi.

Nel biennio 1973-74, l'Enel ordina la costruzione

di quattro nuove centrali elettronucleari. Sono gli anni della crisi petrolifera, il greggio è alle stelle e il nuovo Piano energetico nazionale del 1975 mette il nucleare al centro della produzione energetica.

L'inizio della fine

Nel novembre 1979 l'esondazione del fiume Garigliano allaga la centrale di Sessa Aurunca in piena attività e un generatore di vapore subisce un grave guasto. La situazione è talmente preoccupante che a mezzogiorno viene evacuato quasi tutto il personale; la sera segue un blackout su scala nazionale. Come a Fukushima, la mancanza di corrente elettrica causa il blocco delle pompe di raffreddamento: si rischia la fusione del nocciolo. Un tecnico riesce fortunatamente a riparare il guasto, ma non basta a scongiurare una fuga radioattiva di cesio-137, cesio-134 e cobalto-60 che contamina l'ambiente circostante. Muoiono venticinque bufale e centinaia di pesci. L'esondazione del fiume porta con sé una certa quantità di materiale radioattivo che inquina 1700 chilometri quadrati di mare, nel tratto da Gaeta al Volturno, meta estiva di folle di turisti.

Le conseguenze nel tempo sono ancora più evidenti: oltre alla nascita di molti animali deformi (pulcini con tre zampe, vitelli macrocefali con due o tre cervelli), tra la popolazione aumentano le malattie genetiche, con casi di ermafroditismo e ciclopismo. Già in precedenza le zone vicine alla centrale presentavano un'incidenza di leucemia molto alta: secondo i dati Istat nel periodo 1972-1978 la percentuale nella piana del Garigliano era del 44,48 per cento, contro una media nazionale del 7 per cento.

Ci si rende ben presto conto che la configurazione impiantistica di Sessa Aurunca è troppo complicata – la General Electric dopo quel guasto decide di non usare più la stessa tecnologia – tanto da pregiudicare il funzionamento del reattore, da sempre discontinuo. La riparazione del resto è troppo costosa e nel 1982 l'Enel sceglie di non riavviare la centrale.

Sulla decisione pesa anche l'incidente di Three Mile Island del 1979, che riporta l'attenzione sul problema dei sistemi di sicurezza. Anche quelli della centrale in costruzione a Caorso vengono rivisti. Le persone iniziano a nutrire sospetti e a temere il nucleare.

A Trino la centrale funziona più o meno correttamente fino all'esaurimento del primo ciclo di combustibile, poi resta ferma per tre anni a causa della rottura dello scudo termico del reattore. Viene rimessa in attività e di nuovo bloccata nel giugno del 1979, quando si devono aggiornare i sistemi di sicurezza ai nuovi standard.

Nel 1970 a Borgo Sabotino si registra un guasto: un innalzamento della temperatura che porta un settore della sfera in fusione. Nessuna fuoriuscita tossica, ma tre operai rimangono contaminati. Muoiono tutti e tre poco dopo i cinquant'anni, di tumore alla tiroide, alla testa e ai polmoni.

Peggio ancora a Caorso: i problemi iniziano il 26 maggio 1978, il giorno dell'allacciamento. Appena messe in moto, nel reparto turbine vengono segnalate delle fughe. La faccenda è grave: si scoprono valvole che non tengono, strutture portanti difettose, a partire dai tiranti che sostengono i tubi del gas radioattivo. I calcoli si rivelano sbagliati. Fatte le dovute riparazioni, zoppicante dalla nascita, nel 1981 la centrale entra finalmente in attività. Ci sono voluti undici anni.

Con il referendum del 1987, l'Italia per una volta è la portabandiera di una nuova consapevolezza e, unica nazione al mondo, dice il suo NO deciso al nucleare, quello che i nostri dipendenti in Parlamento stanno tentando di ignorare.

Due gli impianti che vengono bloccati: un secondo reattore a Trino, solo in fase di progetto, e una nuova centrale che Ansaldo ha cominciato a costruire il 1° luglio 1982 a Montalto di Castro (Viterbo), convertita successivamente in impianto termoelettrico.

L'ultima follia nucleare lascia come pesante eredità un carico di spese: quando i lavori si fermano, gli ordinativi per i componenti erano stati completati e i costi vengono riversati sui cosiddetti «oneri di uscita dal nucleare» compresi nella famosa componente A3 della bolletta.

Il referendum è arrivato appena in tempo. Nel 1987, a pochi mesi dalla data decisa per la sospensione dei lavori, la zona di Montalto di Castro viene colpita da un'alluvione che danneggia in parte la struttura della centrale.

Cosa sarebbe successo se il reattore fosse stato già in funzione? Già l'esperienza dell'esondazione del 1979 a Sessa Aurunca avrebbe dovuto insegnarci qualcosa, ma l'Italia ha la memoria corta e a tre anni di distanza ha progettato il nuovo impianto di Montalto in una zona altrettanto pericolosa.

Chi ci garantisce che l'analisi del rischio idrogeologico dello psiconuke sarà più attendibile? Il governo ha fretta di concludere e già ha dimostrato di sottovalutare le fasi di studio preliminare. L'esempio di Scanzano Jonico del prossimo capitolo parla da sé.

La prima (e speriamo ultima) stagione nucleare italiana si è accesa e consumata nel giro di neanche quarant'anni. Qual è il bilancio? Ha risolto pochi problemi – ha prodotto al massimo il 4,5 per cento dell'energia – ma ha lasciato in compenso grossi debiti, una montagna di scorie ancora da smaltire, molte polemiche, una scia di contaminazioni e un'incidenza di tumori e malformazioni decisamente sospetta nelle zone limitrofe ai vecchi impianti. Chi ha chiesto il bis?

Europa nucleare

Al momento in Italia non ci sono centrali in funzione. In compenso siamo circondati dai residui del vecchio entusiasmo nucleare. In Europa operano 195 impianti, di cui 58 soltanto in Francia, più quello di Flamanville in costruzione. Per guardare i Paesi più vicini a noi, in Svizzera ce ne sono 5, in Slovenia 1, in Spagna 8, in Belgio 7, in Olanda 1 e in Germania 17.

Qualcuno ci ha chiesto il permesso? Se un aereo di linea, come è successo l'11 settembre, fosse dirottato su una centrale, parte della Francia e dell'Italia diventerebbero un deserto radioattivo.

La Francia è a capo della fazione dei nuclearisti convinti: ha il maggior numero di centrali, con cui copre il 55 per cento del proprio fabbisogno energetico. È il primo Paese in questa colpevole graduatoria; seguono la Slovacchia (54,4 per cento), il Belgio (53,8 per cento) e la Svezia (42 per cento).

Centrali nucleari in Europa

Stato	*Attive*	*In progetto*
Francia	58	1
Russia	32	11
Gran Bretagna	19	
Germania	17	
Ucraina	15	2
Svezia	10	
Spagna	8	
Belgio	7	
Repubblica Ceca	6	
Slovenia	1	
Svizzera	5	
Slovacchia	4	2
Finlandia	4	1
Ungheria	4	
Bulgaria	2	2
Romania	2	
Olanda	1	
Totale	*195*	*19*

Dati: European Nuclear Society

Nucléaire mon amour

Alla notizia di Fukushima, Sarkò si è precipitato a rassicurare la nazione: «Tutte le centrali che non supereranno gli stress test verranno chiuse» ha dichiarato a fine marzo; poi è intervenuto sulla decisione europea di sottoporre gli impianti del Vecchio continente a prove di resistenza. Ma anche da loro, in effetti, le supercazzole sull'atomo si sprecano: tecnici e politici fanno a gara a contraddirsi.

André-Claude Lacoste, direttore dell'Autorité du sûreté nucleaire di Parigi, a pochi giorni dalle dichiarazioni prudenti di Sarkò, torna a dire che «non c'è ragione per chiudere alcuna centrale nucleare in Francia».

In termini relativi si tratta del Paese più «nuclearizzato» del mondo: la stragrande maggioranza dei cittadini – c'è una centrale per ogni milione e poco più di abitanti – è ormai abituata a vivere a non più di trecento chilometri di distanza da un reattore. Vengono distribuite pastiglie di iodio, i cittadini sanno come comportarsi in caso di emergenza. È normale. Gli incidenti nucleari, che pure avvengono, in Francia non fanno più notizia. Il meccanismo per convincere i cittadini dell'ineluttabilità del nucleare è lo stesso adottato di recente in Italia: balle su balle raccontate dai giornali e soldi su soldi per foraggiare la pubblicità.

È una convivenza storica: i francesi hanno il pallino del nucleare da quando Charles de Gaulle attrezzò l'esercito con la *force de frappe*. È la stessa filosofia che regna oggi: le armi nucleari sono un deterrente contro la guerra. Se io ho l'atomica, a nessuno conviene toccarmi. Proprio per questo motivo nucleare civile e militare sono stati finanziati di pari passo, con ingenti afflussi di denaro.

In più i francesi hanno sviluppato tra le tecnologie migliori del mondo e hanno un settore scientifico-organizzativo avanzato nel campo dell'atomo. Basta dire che tra le poche aziende che costruiscono centrali, una delle maggiori è la francese Areva (le altre sono le americane General Electric e Westinghouse, le giapponesi Toshiba e Hitachi e altre società attive in Corea, Russia e Cina).

A fronte di tanta «eccellenza», qual è la situazione dell'energia francese? La Francia consuma più petrolio di noi, e di conseguenza i livelli di anidride carbonica sono consistenti. Le emissioni sono rimaste invariate dal 1990 e negli ultimi anni sono addirittura aumentate. Vivere (e spesso morire) di nucleare non significa quindi raggiungere la tanto decantata indipendenza energetica o avere il benestare degli ambientalisti.

Il costo dell'elettricità, seppur contenuto, non è affatto tra i più bassi e il trend è in netta crescita. Il tentativo di mantenere i prezzi giù non ha comunque migliorato la competitività dell'industria francese, tant'è che nel 2007 il deficit delle importazioni ha sforato il tetto record dei 40 miliardi di euro. La beffa finale è che l'abitudine al basso costo della corrente elettrica ha favorito un abuso della disponibilità di energia: i francesi si sono abituati a sprecare e intanto le fonti alternative sono rimaste al palo. Inoltre diversi impianti nucleari sono ormai giunti a fine vita: alle spese di decommissioning si aggiungono gli eventuali investimenti per le nuove centrali sostitutive. Quelle vecchie, all'epoca, sono state pagate da fondi pubblici.

C'è chi dice no

In prima fila a protestare ci sono i ragazzi di Sortir du nucléaire, federazione di 875 gruppi francesi antinuclearisti a cui sono associate più di 35.000 persone. Sono loro a denunciare che la massiccia diffusione delle centrali impedisce al Paese di affrancarsi dalle fonti fossili e di essere competitivi sul fronte delle energie verdi. Il blog ha intervistato la portavoce del movimento, Charlotte Mijeon, che racconta come nel suo Paese «la gente ha subito un tale lavaggio del cervello che ormai domina l'idea che l'energia nucleare non è molto buona, ma cosa possiamo farci?».

È diventato normale accettare dichiarazioni come quella del ministro dell'Energia di Parigi, Éric Besson che, nonostante le recenti polemiche, dichiara «profonda convinzione sul fatto che l'energia nucleare continuerà a essere per l'Europa e il mondo una delle principali risorse del Ventunesimo secolo».

Dopo l'incidente di Fukushima i vicini di casa della Francia scongiurano Sarkozy di rallentare. I governi regionali svizzeri confinanti invocano la chiusura della centrale più vecchia del Paese – quarantun anni di vita, situata a 35 chilometri da Basilea – ma il solito Lacoste li ha messi a tacere: «Ho la sensazione che gli impianti francesi siano sicuri».

Dobbiamo fidarci della «sensazione» del direttore dell'Autorité du sûreté nucleaire francese, o pensare che valgono piuttosto questioni economiche? Il loro Pil non può fare a meno del business nucleare che produce dai 20 ai 28 miliardi di euro all'anno. La Francia vende centrali ed energia.

La fine del nucleare vorrebbe dire la chiusura di tutti gli impianti nel tempo, con costi di qualche miliardo (per difetto) per ognuno e la riconversione completa dei sistemi di produzione di energia. Senza il nucleare Parigi non saprebbe cosa fare: quasi l'80 per cento dell'elettricità è generata dall'atomo, che dà lavoro a duecentomila persone, per un giro d'affari che potrebbe raggiungere i 28 miliardi di euro all'anno.

La verde Germania

Accanto al gigante francese, almeno fino a qualche mese fa, c'era la Germania, con i suoi diciassette reattori operativi e il 26 per cento circa del fabbisogno nazionale coperto dal nucleare. Nel settembre 2010 l'esecutivo ha deciso di prolungare di dodici anni la vita dei reattori in funzione sul territorio, una retromarcia storica rispetto alla decisione del 1998 del cancelliere Gerhard Schröder che prevedeva la dismissione dell'ultima centrale nel 2021. Ma si fa presto a cambiare idea, e dopo lo tsunami giapponese la Merkel ha dichiarato nel suo discorso al Bundestag: «Se in uno Stato così sviluppato come il Giappone, l'impossibile è diventato possibile, allora anche per noi la situazione cambia. Più presto la Germania uscirà dal nucleare meglio sarà». Ha poi annunciato che nei prossimi tre mesi tutte le centrali tedesche saranno sottoposte a uno «stress test», sette reattori saranno spenti per manutenzione e uno chiuso definitivamente.

Ma già prima di Fukushima la Germania ha imboccato con decisione la strada delle energie rinnovabili, che valgono oggi il 17 per cento dell'elettricità prodotta (il 13 per cento viene dal gas naturale e oltre il 40 dal carbone). Nel 2010 il settore delle fonti alternative ha dato lavoro a più di 370.000 persone, registrando un aumento dell'occupazione dell'8 per cento rispetto al 2009.

Il ministro dell'Ambiente tedesco prevede che nel

giro di dieci anni l'energia rinnovabile costituirà più del 40 per cento della produzione totale. «Dovranno essere create disposizioni ambientali che favoriscano investimenti nelle energie alternative da parte di industrie e cittadini» ha affermato il governo tedesco.

Le campane del nucleare hanno suonato a morto definitivamente con le elezioni regionali avvenute a poco più di due settimane dal disastro di Fukushima: l'onda che ha investito la Germania è così potente che il 27 marzo scorso i Grünen, i Verdi, hanno stravinto nel Baden-Württemberg, storico feudo democristiano controllato dalla Cdu dal 1953. «Queste elezioni sono state perse in Giappone» ha detto il segretario di partito della regione.

Google ha scelto proprio la Germania come terreno fertile per il primo investimento nelle energie rinnovabili in Europa: all'inizio di aprile ha stanziato circa 5 milioni di dollari per il funzionamento di una centrale fotovoltaica a Brandenburg an der Havel, paese vicino Berlino. E tutto questo in un Paese che ha molto meno sole di noi.

Traditi dall'atomo

Atlante alla mano, i paesi «traditi» dal nucleare, sono diversi. A partire dagli incidenti passati alla storia in Francia, in Ucraina e negli Stati Uniti si arriva al Giappone. Proprio la nazione del Sol levante ha pagato un prezzo altissimo per i suoi investimenti nelle centrali. Ma quali erano, e quali sono, i vantaggi per cui ha pagato? Il numero complessivo di reattori sull'isola è oggi di 55, suddivisi in 18 centrali, per un totale del 29 per cento del fabbisogno energetico soddisfatto. Prima di pagare pegno nel 1945 con le bombe su Hiroshima e Nagasaki, il Giappone si era distinto durante il secondo conflitto mondiale per un programma di nucleare militare massiccio. Da lì in poi è stato un fiorire di centrali, con fondamenta e sistemi di sicurezza preparati per resistere a scosse di 8,5 gradi della scala Richter. Ma ora il Paese è in ginocchio.

Del tutto diverso e meno tragico, ma emblematico come prova dei rischi anche economici che presenta il nucleare, è il caso poco conosciuto della Lituania, che entra nel nucleare nel 1978 con la centrale di Ignalina, passata sotto la giurisdizione statale solo dopo il crollo dell'Urss nel 1991. Nel 2009, quando viene chiuso l'ultimo dei tre impianti ancora in funzione, la percentuale di energia prodotta grazie alla centrale era del 76 per cento. L'accanimento su questa tecnologia e la mancanza di investimenti su altre forme di approvvigionamento crearono una situazione di totale dipendenza, dal punto di vista sia economico sia energetico. Le conseguenze furono, e tuttora sono, tragiche: perdita di posti di lavoro, aumento delle bollette elettriche (stimato in oltre il 30 per cento), inflazione alle stelle e perdita di un punto percentuale del Pil costituito dall'esportazione di energia. In più ora ci sono i costi dello smantellamento.

Una speranza rimane

Per fortuna qualche eccezione rimane e, anzi, sembra destinata a crescere. Secondo la classifica annuale stilata da General Electric in collaborazione con la Banca mondiale a febbraio, l'Islanda è al primo posto per l'energia pulita (80 per cento del totale). Tra i Paesi verdi spiccano poi la Svizzera, la Norvegia e la Svezia.

Il Portogallo è un caso meno noto ma molto significativo perché ha fatto della mancanza di risorse fossili un punto di forza ed è diventato uno dei Paesi leader in Europa nel campo delle rinnovabili. Circa il 45 per cento l'elettricità proviene da fonti verdi, con un aumento del 17 per cento rispetto a cinque anni fa. L'eolico è cresciuto di sette volte e si prevede che il Portogallo diventi il primo Paese a inaugurare una rete nazionale di stazioni per la ricarica delle automobili elettriche.

Nel 2008 è stato messo a punto un impianto in grado di generare corrente elettrica attraverso l'utilizzo del moto ondoso nel golfo di Aguçadoura. A rendere possibile questo miracolo verde è stato un sistema ipertecnologico che si presenta sotto forma di gigantesco serpente marino rosso, Pelamis (dal latino «serpente di mare»), che galleggia a cinque chilometri al largo della costa settentrionale portoghese. Il movimento impresso dalle onde agisce su pistoni idraulici accoppiati a generatori in grado di trasformare l'energia meccanica in elettrica.

Pelamis è stato smontato in seguito alla crisi, ma subito è sorta una nuova tecnologia, ancora in fase di progetto, il «Wave Roller», una sorta di porta basculante sommersa che sbattendo produce energia. L'hanno inventata grazie alle segnalazioni dei sub che avevano notato il continuo movimento delle porte dei relitti delle navi. L'Unione europea ha stanziato tre milioni di euro di fondi per installare il sistema al largo di Peniche, tra i 6 e i 23 metri di profondità.

Il governo portoghese è fantastico, ha dimostrato uno slancio esemplare in direzione dell'innovazione tecnologica nel campo delle rinnovabili. Certo, andare avanti contando sulle imprevedibili forze della natura è una bella scommessa, ma l'azienda portoghese per la trasmissione dell'energia elettrica, Redes Energéticas Nacionais, usa sofisticati modelli per le previsioni meteorologiche, in particolare per la direzione del vento, e programmi informatici per calcolare l'energia prodotta dai vari impianti di energia rinnovabile. Ci sono nuovi software che cercano di coordinare vento e acqua: le turbine alimentate dal vento pompano in alto l'acqua di notte, nelle ore più ventose; poi l'acqua scende durante il giorno, generando energia elettrica quando la domanda è più alta. Per garantire un flusso stabile anche quando le forze della natura si spengono, il sistema ha bisogno di mantenere una base di carburante fossile che possa essere consumato in caso di necessità. Ma si tratta dell'eccezione e non della regola.

La cosa più bella è che i portoghesi nel nord hanno le miniere di uranio, ma non per questo hanno deciso di sporcarsi le mani e la coscienza con il nucleare. Non hanno neppure una centrale.

Strade alternative

Accanto al Portogallo, a dire no al nucleare in Europa sono la Grecia, l'Austria, e l'Italia (per ora). Buone notizie anche dagli Stati Uniti: nonostante abbiano 104 centrali in funzione, che coprono il 20 per cento del fabbisogno, stanno orientando la politica futura in direzione verde. A pochi mesi dall'elezione del novembre 2008, Obama ha infatti lanciato il «Green new deal»: efficienza energetica, per puntare sulle energie pulite con uno stanziamento tra i 400 e i 700 miliardi di dollari per biocarburanti e auto ecologiche. Una delle piaghe del Paese sono infatti le auto: le famiglie, soprattutto fuori città, ne hanno spesso una a testa. Nel progetto rientra quindi il potenziamento dei trasporti pubblici, in particolare dei treni. Secondo i dati della Agenzia per la protezione ambientale, nel febbraio scorso il presidente ha annunciato al Congresso uno stanziamento di 8 miliardi di dollari per il solo 2012: dei 29,5 miliardi dollari in dotazione al dipartimento dell'Energia, poco meno di un quarto sarà dedicato alla ricerca nel campo del fotovoltaico avanzato, dell'eolico e dei sistemi di stoccaggio dell'anidride carbonica.

Le risorse pubbliche destinate all'energia «verde» saranno in parte recuperate tagliando quelle per i combustibili fossili. Obama ha infatti chiesto al Congresso di abrogare le sovvenzioni da 3,6 miliardi di dollari attualmente concesse a petrolio, gas naturale e carbone. Se davvero gli Usa si rendessero indipendenti a suon di energie alternative e rinnovabili, si creerebbero 2,5 milioni di posti di lavoro.

COSA ACCADE A CASA NOSTRA QUANDO ESPLODONO LE CENTRALI DEGLI ALTRI (E VICEVERSA)

La centrale di Burgery, in Francia, si trova a 180 chilometri dal confine e a 270 da Torino; quella di Krško in Slovenia dista 138 chilometri da Trieste; quella di Gösgen, in Svizzera, è a due ore di auto da Varese. Per farla breve, nel raggio di 200 chilometri dal confine italiano si contano ventisette reattori. La beffa atomica è che quando un disastro nucleare succede «agli altri», in realtà succede anche a noi. Gli elementi più pesanti di una nube radioattiva, come l'uranio e il plutonio, tendono a ricadere nelle adiacenze, ma gli elementi leggeri e volatili, come il cesio e lo iodio, percorrono distanze enormi. Per fortuna la loro radioattività in volo decade, così in fase di deposito si trovano ad avere un impatto minore sulle persone e l'ambiente.

Il vento e le precipitazioni decidono dove e quando depositare le sostanze. Per fare un esempio recente, l'esplosione giapponese ha evidenziato una zona di esclusione di 80 chilometri nel raggio dei reattori. I venti hanno avuto pietà del Giappone allontanando la nube verso gli Stati Uniti, in «particelle trascurabili». Il resto si è però riversato in mare e subito si è rimesso in circolo attraverso la catena alimentare.

Greenpeace Austria, in collaborazione con l'Istituto di meteorologia dell'università di Vienna ha realizzato un rapporto tecnico sul fallout di un ipotetico incidente a un reattore a tecnologia Epr situato a Chioggia, uno dei possibili siti presi in considerazione dallo psiconuke (www.chioggia5stelle.it/2010/09/20/chioggia-in-caso-dincidente-nucleare). L'Areva ha stilato un report di sicurezza per l'Epr, con una scala di dodici categorie di rilascio in caso di incidente grave (*large release frequency*). Le categorie di maggiore probabilità sono il «cedimento del sistema di contenimento» e il «mancato funzionamento del meccanismo di sicurezza» che eroga uno spray ghiacciato per abbassare la pressione se qualcosa va storto. Date queste condizioni, il gruppo di meteorologi e scienziati ha creato quattro possibili scenari di contaminazione, un po' in tutte le direzioni, a seconda del vento e delle piogge, con relative cartine per rendere visibili gli spostamenti della nube. La legenda va da un massimo di 1000 chilobecquerel per metro quadrato (pari ai valori delle zone più colpite dopo Chernobyl) a un minimo «tollerabile» di 400 becquerel per metro cubo.

La zona colpita dall'eventuale nube comprende la pianura padana, con zone gialle da Torino all'Istria, e a nord fino all'Austria; oppure a parità di forza delle correnti, spiranti in altre direzioni, si avrebbe una contaminazione della zona appenninica tra l'Emilia e la Toscana, fino all'Italia centrale, e a nord tutto il Trentino. Il terzo e il quarto scenario corrispondono a condizioni meteorologiche di forte vento, che creano in un'ipotetica mappa della contaminazione delle figure oblunghe: in un caso, con vento spirante da ovest verso est, il cesio ricadrebbe verso l'Austria, a sud delle Alpi e fino alla Slovenia. A questo tipo di correnti segue un'evoluzione del meteo che porta con sé piogge sparse nel Friuli, in Slovenia e in Carinzia, che verrebbero quindi contaminate per «deposizione umida». In caso di venti spiranti da sud, lo Scirocco farebbe sì che il deposito avvenga nella pianura padana e in Tirolo, con valori significativi fino alla Baviera.

Ma se i rischi seri di contaminazione per la salute in caso di incidente nucleare avvengono nel raggio di 50-70 chilometri, estendibili a 100 in condizioni meteo sfavorevoli, in concreto cosa succede a noi quando esplodono le centrali degli altri?

Facendo un rapido calcolo, ribaltando in maniera speculare i valori dell'ipotetico incidente di Chioggia, se si verificasse il peggior caso possibile – un incidente in Francia, a Saint Alban, con venti verso sud, rottura del guscio di contenimento del combustibile nucleare e grado 6-7 della scala Ines – sarebbero ampiamente coinvolti i residenti di Valle d'Aosta, Piemonte, Liguria e parte della Lombardia. Nell'ipotesi di un incidente in Slovenia, con venti da est a ovest, a essere colpiti pesantemente sarebbero il Trentino-Alto Adige, il Friuli-Venezia Giulia e parte dell'Emilia-Romagna.

6

Le solite scorie

La spazzatura radioattiva

«La produzione di energia nucleare non comporta emissioni di CO_2 nell'atmosfera, quindi è pulita.» Ma stiamo scherzando? Ogni fase del processo porta palate di merda radioattiva, dall'estrazione dell'uranio alla dismissione delle centrali. Gian Piero Godio, di Legambiente Piemonte, ha fatto qualche conto: «Tutta la stagione nucleare in Italia ha prodotto l'equivalente del fabbisogno energetico nazionale per tre mesi. Per ogni chilowatt/ora prodotto – l'energia necessaria per cuocere una torta in forno – si formano 50 milioni di becquerel di sostanze radioattive. A Chernobyl nella cosiddetta "zona di esclusione", nel raggio di 30 chilometri intorno al reattore, c'è una contaminazione di un milione di becquerel per metro quadrato, quindi produrre un chilowatt significa produrre anche cinquanta metri quadrati inquinati quanto la zona più contaminata del mondo».

Di che roba si tratta? In base alla radioattività e al tempo di decadimento i rifiuti sono così classificati:

1) bassa attività o prima categoria: sono i più «veloci» e ce ne liberiamo nel giro di qualche anno. Oltre che dalle centrali, sono prodotti da ospedali e laboratori (camici, stracci, liquidi eccetera);

2) media attività o seconda categoria: ci vogliono centinaia di anni per il decadimento. Comprendono scarti, fanghiglia, liquidi e resine;

3) alta attività o terza categoria: servono migliaia di anni prima che decadano, perché i rifiuti derivano dalla fissione dell'uranio e includono il combustibile nucleare irraggiato e i vari residui del processo, tra cui elementi transuranici. Quantitativamente è poca roba, ma dal potenziale enorme: questi rifiuti sono responsabili del 95 per cento della radioattività.

Abbiamo già 250.000 tonnellate di rifiuti altamente radioattivi sparsi nel mondo – ma si tratta di stime, perché non tutti i rifiuti sono dichiarati come dovrebbero. Entro il 2015 saranno 400.000 e addirittura un milione nel 2050. Sempre che a qualcuno come Chicco Testa non venga in mente di intensificare l'attività nucleare.

Tutta questa roba è stoccata in depositi temporanei o lasciata nel luogo di produzione, dove la sicurezza è «garantita» al massimo per qualche decina d'anni. Un'inezia rispetto alla durata della radioattività.

È dai tempi in cui si è cominciato a parlare di nucleare che si discute dello stoccaggio. Negli anni Cinquanta ci avevano detto: «Partiamo con il nucleare, una soluzione intanto la troveremo». A trovarla sulla carta sono bravi tutti: i rifiuti meno pericolosi dovrebbero essere imballati nel cemento e lasciati in depositi di superficie schermati che, teoricamente, proteggerebbero le persone e l'ambiente dalle contaminazioni.

Le scorie invece sono talmente pericolose che non c'è rifugio artificiale sufficientemente sicuro, per questo andrebbero interrate in depositi geologici a prova di attentati, incidenti, manomissioni, terremoti, tsunami e ogni altro disastro umano o naturale. Con garanzie per migliaia di anni: per esempio, l'isotopo 239 del plutonio ha un tempo di dimezzamento di 24.000 anni. Il posto adatto, in tutto il mondo, non è ancora stato trovato. Qualcuno ha proposto – seriamente – di spedire tutto sulla Luna.

Gli eterni depositi temporanei

Da quando è stato avviato il nucleare, i Paesi che se lo sono impiantati in casa hanno cominciato subito a cercare il sito per lo stoccaggio definitivo. All'inizio non saltava fuori niente e le scorie restavano lì, in attesa che qualche miracoloso progresso della scienza risolvesse il problema. Ma eravamo appena agli inizi, le centrali sembravano destinate a durare anni e i depositi erano capienti. Poi le centrali hanno cominciato a scricchiolare, l'illuminazione non è piovuta dal cielo e la questione si è fatta sempre più urgente. Tanti Paesi, dagli Stati Uniti alla Germania, ci hanno provato ma *nessuno* è mai riuscito a individuare il posto perfetto dove seppellire la merda nucleare.

Nel 1999 gli Stati Uniti hanno attivato il Wipp (Waste Isolation Pilot Plant) del New Mexico, il primo deposito concepito per scorie ad alta attività: è un'enorme grotta a 650 metri dalla superficie, in mezzo a formazioni saline. È dal 1974 che gli americani se lo studiano e se lo coccolano: non gli sembrava vero di aver trovato il posto dove infilare tutta la loro spazzatura radioattiva per i prossimi diecimila anni. E infatti non era vero: dopo valanghe di ricerche, rilevazioni, analisi, si sono accorti che c'erano comunque infiltrazioni d'acqua, quindi rischio di deterioramento dei contenitori, per cui il Wipp non poteva andare bene. Ma ci avevano già speso un miliardo di dollari, di buttarlo non se la sono sentita e l'hanno convertito in deposito per rifiuti a media attività. Pazienza se qualcosa fuoriesce.

Ma gli americani sono ostinati e ci hanno riprovato, come si è visto, con il deposito della Yucca Mountain in Nevada, a 130 chilometri da Las Vegas in una zona sismica. Persino a loro alla fine non è sembrata una buona idea piazzarci 70.000 tonnellate di radioattività e si sono dovuti rassegnare a restare senza deposito. Non prima di averci buttato 9 miliardi di dollari, a fronte di un preventivo iniziale di 3.

Anche in Europa si parla da parecchi anni di realizzare un sito comune e isolato con le caratteristiche geologiche ideali allo stoccaggio definitivo, ma fino a oggi non si è visto nulla: sempre che esista il posto adatto, nessun Paese – per quanto ben pagato – vuole prendersi in casa la montagna di rifiuti di tutti gli altri. Tanto più che il deposito sarebbe un obiettivo sensibile e pericoloso in caso di guerra.

Noi e gli americani continuiamo a trivellare, ipotizzare, studiare, facendo infuriare le comunità locali, e alla fine ci teniamo le scorie in depositi temporanei destinati a diventare eterni se non si trova una soluzione. Che non esiste: se non è saltata fuori in sessant'anni un motivo ci sarà.

La merda italiana

Secondo l'inventario dell'Istituto superiore per la protezione e la ricerca ambientale, in Italia ci sono circa 24.000 metri cubi di rifiuti, a cui ogni anno se ne aggiunge un migliaio derivante dall'industria farmaceutica, dai laboratori di ricerca e dai residui degli ospedali utilizzati per la diagnostica e le terapie. Altri 90.000 metri cubi dovrebbero venire dallo smantellamento delle ex centrali nucleari e degli impianti connessi (produzione e trattamento del combustibile).

Infine abbiamo anche noi la nostra parte di combustibile da smaltire: ben 280 tonnellate. I rifiuti ad alta attività sono quantificati tra il 5 e il 12 per cento del totale, secondo la generosità dei criteri di classificazione; è certo però che da soli costituiscono almeno il 90 per cento della radioattività italiana.

Quantità e distribuzione dei rifiuti radioattivi in Italia

Impianti	*Volume rifiuti* (m^3)	*Combustibile* (ton)	*Attività* (TBq)
Caorso	1.878	186,52	1.745.205,0
Trino	780	14,31	113.569,0
Latina	893	-	1.348,0
Garigliano	1.872	-	615,0
Eurex Saluggia	1.582	2,05	30.577,0
Itrec di Trisaia	2.701	1,68	4.951,0
Plutonio Roma	60	-	-
Nucleo Roma	6.059	-	696,0
Avogadro S.	25	79,94	355.574,0
Boscomarengo	247	-	0,7
Ccr Ispra	2.589	-	186,0
Altri operatori	5.525	-	11,0
Totale	*24.210*	*284,50*	*2.252.732,7*

Dati: Legambiente e Nucleo operativo ecologico dei carabinieri

Come ti smantello la centrale

Le centrali le abbiamo tirate su, le abbiamo mantenute in piedi e sono giunte a fine vita. Cosa ne facciamo? La terza e ultima fase sarebbe il loro smantellamento che avviene in tre fasi:

1) il combustibile spento del reattore, come l'uranio e il plutonio derivati dal processo di fissione, e tutti i rifiuti ad alta attività devono essere rimossi e stoccati in sicurezza in un deposito geologico nazionale a prova, letteralmente, di bomba;

2) i materiali della centrale – dal cemento ai tubi – vanno smontati, decontaminati e a loro volta stoccati;

3) tutta la zona circostante deve essere risanata e tornare allo stato di «green field», prato verde «privo di vincoli radiologici», com'era prima dell'impianto. Ma sarebbe meglio dire «dovrebbe»: l'obiettivo è molto costoso e ormai si ripiega sul «brown field», prato marrone, che come dice il nome stesso è un'area dove il materiale radioattivo resta in «ragionevoli condizioni di sicurezza». In attesa di sapere cosa farne.

Le strategie di smantellamento possibili sono tre:

1) smantellamento immediato (decon): si procede appena la centrale viene chiusa. I rifiuti sono imballati, trattati e stoccati altrove. Nel giro di – bene che vada – dieci anni, spesso venti o trenta, la zona è decontaminata e disponile per un nuovo utilizzo. In genere le operazioni di decommissioning sono affidate a chi ha lavorato negli impianti e conosce già bene luogo e procedure. I costi però sono esorbitanti e i fondi devono essere disponibili subito;

2) smantellamento differito (safstor): si toglie il

combustile e si smantellano le parti meno contaminate. Per il resto ci si affida al tempo: si aspetta il decadimento naturale dei materiali radioattivi più pericolosi per averne meno da smaltire, sempre sperando che nel frattempo non succedano incidenti o disastri ambientali. Dopo un centinaio di anni, si procede al trattamento e allo stoccaggio dei rifiuti residui. Come dire che lasciamo ai nostri nipoti il compito di pulire;

3) entombment: si chiudono gli impianti in una struttura di cemento speciale, sicura e durevole, così ogni centrale diventa il deposito di se stessa. Cioè chi ha avuto la sfortuna di avere un impianto dietro a casa non se ne libera più, con tutti i rischi connessi.

Paese che vai, decommissioning che trovi

Secondo l'ultima relazione dell'Agenzia internazionale per l'energia atomica, nei prossimi 40-60 anni le 443 centrali nucleari sparse in tutto il mondo cesseranno l'attività e dovranno essere dismesse: un giro d'affari che è stato stimato di almeno 300 miliardi di euro, ed è probabilmente destinato a crescere. Di tutto il ciclo di produzione dell'energia nucleare, lo stoccaggio dei rifiuti è il costo in assoluto più alto, circa il 60 per cento dell'investimento totale. Chi paga? Lo abbiamo già visto: quasi sempre i cittadini, con un rincaro sull'elettricità o con componenti extra in bolletta.

L'Inghilterra ha optato per lo smantellamento differito, con tempi e costi vertiginosi. Nel 2008 la National Decommissioning Authority ha reso pubblica una relazione molto dettagliata sulla gestione finale di diciannove centrali di prima e seconda generazione. Per esempio, Calder Hall, la prima costruita in Inghilterra, è stata inaugurata nel 1956 dalla regina Elisabetta; si prevede che diventerà un green field nel 2115. Bene che vada saranno i suoi pro-pronipoti a farci un picnic se ne avranno il coraggio. Molto peggio per Sellafield, il cui smantellamento finirà, se tutto va bene, nel 2120 e costerà da solo 40 miliardi di sterline.

In media le centrali inglesi verranno smantellate nel giro di cent'anni; l'ultima della tornata sarà Chapelcross nel 2128. Il costo complessivo dell'operazione è circa 61 miliardi di sterline più 12 che copriranno le spese delle centrali ancora operative da qui alla fine della vita commerciale. Ovviamente sono cifre sulla carta: la probabilità che lievitino sono altissime. Nel 2005 le stime erano circa il 20 per cento più basse che nel 2008.

Il governo tedesco invece ha scelto lo smantellamento immediato per sfruttare la conoscenza degli addetti agli impianti. La centrale di Neiderachbach, che ha smesso di lavorare nel 1975, ha finito il decommissioning nel 1995 ed è diventata un campo agricolo. Ma chi vorrebbe le patate all'uranio se sapesse da dove vengono? Quando in Italia si è ventilata l'ipotesi di portare le scorie a Scanzano Jonico, è bastato l'annuncio del futuro deposito per far precipitare le ordinazioni di prodotti agricoli da tutto il mondo.

In Francia si valuta la strategia caso per caso: finora Edf ha preferito lo smantellamento differito, ma l'Autorité de sûreté nucléaire ha chiesto di rivedere questo approccio preferendo quello immediato. Che comunque significa più di venti anni: i reattori chiusi tra il 1999 e il 2001 verranno definitivamente bonificati nel 2025.

Anche negli Stati Uniti si privilegia lo smantellamento immediato: su una ventina di reattori elettronucleari non più funzionanti, solo dieci sono stati differiti, alcuni perché si trovano vicini a unità tuttora operative, altri per la mancanza di fondi.

Decommissioning all'italiana

In Italia il compito di smantellare è stato affidato alla Sogin. La società è nata nel 1999 nell'ambito dell'Enel e nel 2000 è passata al ministero dell'Economia. Dal 2003 ha avuto l'incarico di dismettere, oltre alle quattro ex centrali, anche gli impianti di ricerca e fabbricazione del combustibile nucleare di Saluggia, Casaccia, Rotondella e Bosco Marengo.

Fino al 2003 si pensava di procedere al decommissioning immediato che comporterebbe lo stoccaggio dei rifiuti ad alta attività nel deposito nazionale. Quale fosse questo deposito non si sapeva, ma lo smantellamento doveva finire entro il 2010. Per aggirare il problema, nel 2004 si è deciso di mandare intanto i rifiuti all'estero: vuoi mai che vengano seppelliti senza aver visto il mondo? Treni di materiali radioattivi si sono aggirati per l'Europa destinati ai centri di La Hague e Sellafield. Lo scopo era il ritrattamento dei rifiuti, che vengono restituiti compattati, vetrificati e cementificati. Questo processo è molto costoso, produce altro materiale radioattivo e soprattutto non risolve il problema: i rifiuti impacchettati ritornano nei siti di origine, sempre in attesa di essere stoccati. Per questo molti Paesi, come gli Stati Uniti, lo hanno da tempo abbandonato. Greenpeace stima che dalla Francia rientreranno 5000 metri cubi di rifiuti e altri 2000 dall'Inghilterra.

E i costi della gita turistica della scorie? Vertiginosi. Un dato fra tanti: nel 2006 abbiamo mandato in Francia parte del combustibile nucleare versando 250 milioni di euro; se non ce lo riprendiamo per tempo, entro il 2025, dobbiamo pure pagare la multa. A Sarkozy, il grande promotore del nucleare, evidentemente le sue scorie bastano e avanzano.

Se il problema di stoccare i rifiuti resta, perché li si manda all'estero per essere trattati? Perché si sta passando dall'idea di decommissioning immediato dei siti all'entombment, il metodo più sbrigativo e meno sicuro perché le ex centrali convertite in depositi temporanei non hanno le caratteristiche per una messa in sicurezza duratura. Questa non-soluzione è anche costosa: materiale così pericoloso non può certo essere lasciato incustodito e dovrebbe restare sotto costante sorveglianza e manutenzione, con ulteriori spese a carico di tutti per generazioni.

L'entombment potrebbe tutt'al più essere preso in considerazione in zone isolate e non sismiche. Cioè da nessuna parte in Italia.

Rifiuti in gita turistica

Spostare materiale radioattivo è pericoloso per l'ambiente e le città che attraversa. Un rischio in più, del tutto inutile che non rispetta le comunità locali. A norma di legge dovrebbero essere avvisate per tempo, e dovrebbero essere predisposte apposite misure di sicurezza. Invece le scorie vanno e vengono a loro piacimento, senza che i cittadini ne siano informati.

Il 7 febbraio 2011, per esempio, un treno che trasportava 13 tonnellate di scorie radioattive è partito da Saluggia, in Piemonte, diretto a La Hague. Il passaparola e il desiderio di partecipazione hanno fatto radunare nella piccola stazione di Condove i cittadini, avvisati dell'imminente passaggio. Tra loro c'era anche il consigliere regionale del MoVimento 5 Stelle Fabrizio Biolè, che ha raccontato al blog gli avvenimenti.

Sotto lo stretto controllo di un imponente dispiegamento di carabinieri, guardia di finanza, polizia, Digos si era radunato un gruppetto di gente per sorvegliare la situazione. Quando la radio annuncia il passaggio del treno alle 3.40, le forze dell'ordine si preparano: formano un cordone antisommossa e si spingono verso i manifestanti, avanzando con i blindati alle spalle. La gente comincia a lanciare pneumatici sui binari per protesta: è la scintilla per far partire la carica. Le forze dell'ordine rincorrono i cittadini, poi li fanno sedere al freddo per terra e chiedono loro i documenti. Zaini e borse sono perquisiti. I fermati vengono obbligati a restare sulla banchina «fino a nuovo ordine».

Biolè rimane a lato della carreggiata per documentare la carica. Una volta stoppata la ripresa, i poliziotti in borghese lo prendono di peso strattonandolo per il giubbotto e lo portano verso i blindati. Quando chiede per quale motivo è stato fermato, un poliziotto gli risponde: «Che cazzo... non sei mica un parlamentare con l'immunità». Ai parlamentari evidentemente tutto è concesso; i cittadini che esercitano un loro diritto meritano invece il fermo, come è successo a Biolè e ad alcuni manifestanti.

I fermati sono trattenuti per più di due ore al freddo, senza una spiegazione o un chiarimento sull'ora del rilascio, i motivi del fermo o i nomi dei responsabili. Un carabiniere, al caldo nel suo Subaru, intima più volte di non usare il cellulare e di non muoversi dal marciapiede. Finalmente alle 6.15 le persone fermate sono condotte tra gli altri manifestanti in mezzo alle sei camionette delle forze dell'ordine. Alla fine della nottata ci sono ventisette denunce, due arresti e un altro triste attacco alla democrazia.

ScanZiamo le scorie

«Negli ultimi decenni, numerosi Paesi hanno potenziato i progetti per sviluppare depositi geologici per rifiuti radioattivi di alto livello. Finora le iniziative si sono concentrate nell'indagare se i diversi siti geologici e progetti fossero adatti, e nel trovare comunità disposte a ospitare i depositi. Ci sono stati progressi sotto gli aspetti tecnologici e sociopolitici, e si è imparato molto: per esempio, è necessario portare avanti indagini scientifiche ben fondate insieme a un dialogo aperto e trasparente fra tutte le parti interessate.»

Questo l'ho trovato in Rete, nel «Nuclear Safety Review 2009» dell'Agenzia internazionale per l'energia atomica. I nuclearisti convinti dovrebbero darci un'occhiata prima di mettere in giro nuove centrali, visto che non sanno neanche dove lasciare quanto resta delle vecchie. Dialogo trasparente e indagini ben fondate sono esattamente le cose che sono mancate nel tentativo – fallito – di trovare un sito italiano per le scorie.

Ecco come è andata secondo la ricostruzione che ne ha fatto Greenpeace. Nel 1995 l'Agenzia nazionale per la protezione dell'ambiente si accorge improvvisamente che i depositi locali stanno scoppiando e non c'è più posto per i rifiuti nucleari. A quasi dieci anni dal referendum che ha deciso la chiusura delle centrali, l'Enea mette in piedi un gruppo per cercare il sito nazionale.

Nel 2001 lo psiconuke decreta lo «stato di emergenza nucleare» e affida alla Sogin il compito di smantellare in fretta e furia le ex centrali. Ovviamente a colpi di poteri straordinari, com'è successo con la protezione civile. Il 13 novembre 2003 si compie il miracolo: il decreto 314 individua il sito per le scorie ad alta attività. L'Italia è l'unico Paese che ha trovato il posto perfetto. Mentre agli Stati Uniti non sono bastati vent'anni di ricerche approfondite per individuare un luogo che rispondesse a tutti i requisiti, il Berlusconano ci è riuscito in pochi mesi.

Non ha neanche avuto bisogno di fare indagini sul territorio. Un giretto in biblioteca è bastato agli esperti: hanno ripescato il giacimento di salgemma di Scanzano Jonico. Lo aveva già individuato l'Agip negli anni Cinquanta: il sale non interessava a nessuno, ma sembrava un buon posto (un chilometro di profondità, 1200 ettari di estensione) da svuotare e riempire di combustibili. La prima proposta risale addirittura al 1981: trasformare la miniera in deposito di gpl. Il consiglio comunale si oppone a questa e ad altre trovate simili che ostacolerebbero lo sviluppo agricolo e turistico della zona. Di materiale inquinante non ne vogliono sapere a Scanzano, e lo dimostrano più volte.

Finché viene eletto sindaco Mario Altieri: un mese e mezzo dopo aver assunto l'incarico, chiede il permesso per iniziare a svuotare il giacimento, gestito dalla Sorim. Inizia un braccio di ferro con la Commissione regionale dei beni ambientali che si chiude nel 1999: permesso accordato. Come rileva Greenpeace, «l'amministrazione comunale, dando la possibilità a Sorim di iniziare i lavori di sfruttamento della miniera, ha messo in discussione l'idea stessa di sviluppo del territorio, basata sull'agricoltura e il turismo, mettendo a rischio miliardi di investimenti pubblici e privati che, negli ultimi cinquant'anni, hanno trasformato il Metapontino da palude quale era in una delle aree più ricche e produttive della Basilicata e del Mezzogiorno».

Il 13 novembre 2003 esce il decreto legislativo 314 e a Scanzano scoprono di essere stati scelti per mettersi sotto il sedere i rifiuti nucleari di tutta Italia. Alle cinque del pomeriggio i cittadini con l'elmetto si sono già radunati sotto il comune per protestare. Nasce l'associazione ScanZiamo le scorie e parte un'iniziativa pacifica che continua per quindici giorni bloccando la strada e la ferrovia. Alla fine il governo si arrende.

Almeno per il momento. L'area rimane militarizzata. Nel 2009 gli attivisti di Greenpeace fanno un blitz nel sito della Sorim: nella notte piazzano scivoli e altalene per bambini e chiudono con coperchi di cemento i pozzi della miniera. Il messaggio è chiaro: «Non giochiamo con il futuro dei nostri figli». Lo dicono anche gli striscioni che gli attivisti appendono. Sono loro i nuovi partigiani.

Un lettore del blog segnala che i pozzi di fatto ospitano già abusivamente «fusti strani, bidoni con dei simboli piuttosto curiosi, altro materiale di dubbia provenienza. La certezza è che in quelle cavità sotterranee c'è già di tutto». La Digos è andata sul posto, non per occuparsi dei fusti, ma per identificare gli attivisti. Quale sarà il reato: parco giochi abusivo?

Il segreto di Stato sull'energia

Il decreto che individuava il sito per il deposito nazionale è diventato la legge 368 del 14 dicembre 2003. I riferimenti a Scanzano Jonico sono stati tolti, ma è rimasta la blindatura militare: «La sistemazione in sicurezza dei rifiuti radioattivi, degli elementi di combustibile irraggiati e dei materiali nucleari, ivi inclusi quelli rinvenienti dalla disattivazione delle centrali elettronucleari e degli impianti di ricerca e di fabbricazione del combustibile, è effettuata presso il deposito nazionale, riservato ai soli rifiuti di terza categoria, che costituisce opera di difesa militare di proprietà dello Stato».

La militarizzazione del sito va contro tutte le convezioni internazionali firmate anche dall'Italia, che insistono sulla trasparenza, il dialogo con la comunità locale, l'accettazione del deposito a fronte, almeno, di una contropartita in termini monetari o di servizi. La legge 368/2003, che imponeva anche di trovare una nuova sede per il deposito entro l'inizio del 2005, fortunatamente non è mai stata applicata.

Peggio ancora ha fatto il governo Prodi con il decreto 90 del 2008 che riconosce come «luoghi suscettibili di essere oggetto di segreto di Stato» anche «gli impianti civili per produzione di energia e altre infrastrutture critiche». Come dire che i siti per il deposito delle scorie nucleari, nuovi impianti civili per produzione di energia, centrali nucleari, rigassificatori, inceneritori e termovalorizzatori potranno essere non dichiarati alla popolazione.

Un'iniziativa che Prodi ha lasciato in eredità al successivo governo Berlusconi, e grazie alla quale è possibile piazzare una centrale o le scorie senza consultare le comunità locali. Evitando quindi la fase della discussione, della trattativa e della protesta che nel 2003 ha salvato Scanzano Jonico.

Lo stesso decreto prevede anche che «nei luoghi coperti dal segreto di Stato le funzioni di controllo ordinariamente svolte dalle aziende sanitarie locali e dal Corpo nazionale dei vigili del fuoco, sono svolte da autonomi uffici di controllo collocati a livello centrale dalle amministrazioni interessate che li costituiscono con proprio provvedimento».

«Le amministrazioni non sono tenute agli obblighi di comunicazione verso le aziende sanitarie locali e il Corpo nazionale dei vigili del fuoco a cui hanno, comunque, facoltà di rivolgersi per ausilio o consultazione.»

«Sono suscettibili di essere oggetto di segreto di Stato le informazioni, le notizie, i documenti, gli atti, le attività, i luoghi e le cose attinenti alle materie di riferimento.»

L'articolo 261 del codice penale prevede per chi rivela un segreto di Stato una pena non inferiore ai cinque anni di reclusione. Se un sindaco dovesse divulgare ai suoi cittadini l'esistenza di una discarica di scorie nucleari nel suo comune finirebbe in galera. Se un sindaco non informasse i cittadini tradirebbe il suo mandato nei loro confronti.

I nostri dipendenti ci trattano come dei sudditi. Se la nostra volontà non coincide con la loro cambiano le leggi, impongono il segreto di Stato sui rifiuti tossici e sulle centrali nucleari. Gli altri Paesi hanno il segreto sulla sicurezza nazionale, sulle basi militari. Noi abbiamo il segreto di Stato sulla spazzatura, su chi ci avvelena, sulle sue motivazioni e sui suoi interessi.

Il cittadino ha il diritto di essere informato sulle scelte dei suoi dipendenti. Prodi ha firmato il decreto, Veltrusconi lo userà, ma i cittadini non rimarranno a guardare. Libera informazione in libero Stato.

A violare la presunta trasparenza che dovrebbe esistere nel rapporto con i cittadini ci ha già pensato la Francia. Nel 2009 Edf è stata accusata di spionaggio ai danni di gruppi antinucleari in Europa. La notizia è stata riportata dal sito Mediapart e dal «Financial Times». Pierre François, ex responsabile della sicurezza di Edf, ha dichiarato di aver organizzato servizi di sorveglianza su Greenpeace in «Francia e in Europa». Secondo l'accusa, François avrebbe ingaggiato una squadra di investigatori per violare il computer di Yannick Jadot, all'epoca direttore di Greenpeace in Francia. Email, dati, file copiati e trasmessi. L'operazione sarebbe stata condotta da Thierry Lhoro, in precedenza agente segreto. L'editore del sito Intelligence Online, Philippe Vasset, ha detto: «La domanda è quanto fossero a conoscenza di questo lo Stato francese e la sua intelligence». Dopo un'indagine interna Pierre François è stato sospeso dall'Edf che ha negato ogni addebito.

Il nucleare è antieconomico e pericoloso, anche per chi lo denuncia. È una cosa che ci riguarda da vicino: Edf è infatti la società esportatrice di nucleare in Italia con il supporto logistico dello psiconano.

Che fine ha fatto il sito nazionale?

Dopo un'urgenza tale da richiedere decreti d'emergenza, dopo la rivolta pacifica di Scanzano Jonico, del sito non si è più saputo nulla. È un bene? No, finché vige il segreto militare e i nostri dipendenti si prendono il diritto di metterci le scorie in giardino nottetempo. In ottobre Francesco Mazzucca, commissario della Sogin ha fatto sapere che esiste una «Carta preliminare delle aree potenzialmente idonee»: un elenco di 52 siti dove si potrebbe costruire il deposito nazionale. La lista «è pronta, ben chiusa in cassaforte» in attesa di essere approvata dall'Agenzia della sicurezza nazionale. Poi, ci assicura, partirà un dialogo con il territorio e gli enti locali.

Ma il dialogo non dovrebbe partire un po' prima? Ci basta sapere che la scelta «è avvenuta in base a criteri internazionali» o vogliamo sapere quali sono? Quelli russi non sono certo uguali ai nostri. In America negli anni Ottanta si raccomandava di mettere le centrali ad almeno 16 chilometri dai centri abitati: in Italia sarebbe difficile, per non dire impossibile, già trovare un posto così isolato.

Alcuni rilievi erano stati fatti negli anni Settanta e sono stati ripescati dal gruppo che l'Enea aveva rimesso in piedi alla fine degli anni Novanta. Escludendo le aree sismiche e vulcaniche, quelle densamente popolate, quelle costiere soggette a innalzamento del mare, le zone papabili si concentrano tra il Lazio settentrionale, dove già era iniziata la costruzione dell'impianto di Montalto di Castro, e la Toscana meridionale, le Murge in Puglia, la Basilicata e parte della Calabria. È rassicurante notare che gli esperti dell'Enea avevano tenuto in considerazione per ulteriori verifiche anche alcune zone dell'Abruzzo. Per fortuna ci ha pensato il terremoto a dissuaderli.

Non è facile fidarsi di persone del genere. Restiamo quindi in attesa di scoprire dove vogliono mettere il deposito. Per il momento sappiamo solo che rientrerà in un grande parco di trecento ettari, ben nascosto tra laboratori, centri di formazione, aree sperimentali e industriali. Un meraviglioso parco giochi dell'atomo che, a sentire la Sogin, le regioni si contenderanno. La reazione di Scanzano Jonico evidentemente non ha insegnato niente.

Sempre in ottobre Sogin ha ribadito che il decommissioning verrà completato nel giro di pochi anni: la data conclusiva, inizialmente prevista per il 2010, è stata spostata al 2014. Resta da vedere che tipo di smantellamento verrà fatto, e dove finiranno le scorie.

Piemonte nuclearizzato

L'85 per cento dei rifiuti nucleari italiani si trova in Piemonte, la regione più nuclearizzata d'Italia. Basta infatti dare un'occhiata ai suoi tre siti – Trino, Saluggia e Bosco Marengo – per trovare una rassegna esauriente di tutti gli errori possibili nella gestione del nucleare e dei rifiuto.

A Trino Vercellese, a cento chilometri da Torino, nel bel mezzo delle risaie, sorge la centrale nucleare Enrico Fermi: un gigante dell'atomo, con una potenza di 270 megawatt. Un vero monumento alla stupidità umana. La costruzione ha richiesto tre anni, dal 1961 al 1964. L'impianto è entrato in servizio commerciale il 1° gennaio 1965 ed è rimasto in funzione fino al referendum del 1987, meno i nove anni di stop complessivo per la manutenzione. Lo smantellamento è iniziato nel 2002 e la decontaminazione dell'area è prevista per il 2018. Un vero affare: trentatré anni per costruire, riparare e buttare giù in cambio di tredici di attività. I rifiuti radioattivi che deriveranno dallo smantellamento saranno almeno 4000 metri cubi. Che fine faranno? Stoccati in loco fino a data e luogo da destinarsi.

A pochi chilometri da lì, c'è il comprensorio nucleare di Saluggia che nei due depositi Eurex e Avogadro ospita da solo il 75 per cento circa dei rifiuti radioattivi italiani. Negli anni Sessanta e Settanta c'era un impianto per il ritrattamento di elementi di combustibile irraggiato, che doveva servire al recupero del combustibile ancora utilizzabile e del plutonio derivato dalle reazioni nucleari dell'uranio. In altre parole, si portava lì il materiale radioattivo in attesa di decidere come «salvare» la parte ancora utile. Utile anche per la produzione di armamenti nucleari, quindi potenzialmente molto pericolosa.

Poi c'è stato il referendum e il progetto è stato accantonato. Però le scorie sono rimaste a bagno nella piscina dell'Eurex. Ovviamente un deposito così grande non si sa come sgomberarlo: nessuno ha mai tentato prima di rimuovere tante schifezze, possibilmente senza sporcarsi le mani. Si torna quindi all'idea del deposito «provvisorio» che costerà la bellezza di 80 milioni di euro. Che poi tanto provvisorio non è neppure nelle intenzioni: i progetti curano anche l'aspetto estetico del sito. Chi mai si preoccuperebbe di fare bello un posto che pensa di buttare giù nel giro di qualche anno?

Com'è prevedibile, alla gente che sta lì non piace convivere con questa bomba a orologeria e ha ripetutamente protestato, soprattutto dopo che nel 2006 si sono verificate delle perdite nel deposito Eurex. La piscina ha lasciato filtrare liquido radioattivo nel terreno fino alla falda a cui attinge l'acquedotto del Monferrato, il più grande della regione, situato un chilometro e mezzo più a valle. L'acqua contaminata è stata rilevata nei pozzi vicini: scarse concentrazioni, dice l'Arpa, e solo in superficie, mentre l'acquedotto pesca in profondità. Resta il fatto che noi cittadini paghiamo per avere l'acqua pulita e magari non cancerogena.

La Sogin è intervenuta per svuotare la piscina. La parola d'ordine è stata «tempestività»: prima si è fatta sorprendere dal fatto che una piscina vecchia di quarant'anni possa avere qualche cedimento, poi ha impiegato *appena* quattro anni per rimuovere i frammenti irraggiati, la fanghiglia contaminata sul fondo e infine le barre a mollo.

E dove ha messo la merda radioattiva? Nel deposito Avogadro, *ben* ottocento metri più in là. Almeno questa volta non ci saranno sorprese: il deposito ha problemi di assestamento fin dai tempi della costruzione e perdite sistematiche riconosciute. Ai requisiti minimi di sicurezza non si avvicina neanche per sbaglio.

Inoltre il sito di Saluggia si trova lungo la Dora Baltea, dove le alluvioni sono frequenti. Ancora di più, dicono i cittadini, dopo la costruzione di un argine per favorire l'approvvigionamento idrico del comprensorio nucleare. Da allora le inondazioni si sono fatte molto violente. Quelle del 1993 e del 1994 non hanno provocato danni, ma nel 2000 il fiume ha allagato il deposito di Saluggia. Per fortuna si è fermato alla mensa e all'auditorium. In quell'occasione Carlo Rubbia ha parlato di una «catastrofe planetaria» mancata: cosa sarebbe successo se l'acqua non ci avesse risparmiato? Là infatti sono conservati da più di trent'anni 250 metri cubi di liquido radioattivo. Di questi, trenta sono ad alta attività, cioè sono per due volte fuori legge: non potrebbero stare vicino ai fiumi né essere stoccati allo stato liquido, per impedire che eventuali fuoriuscite entrino nel terreno e nella catena alimentare. Per metterci la solita pezza, è stato costruito un argine alto quattro metri e profondo, che dovrebbe tenere a bada la Dora Baltea fino alla prossima inondazione.

Ambientalisti con l'elmetto per Bosco Marengo

Il terzo sito del Piemonte è Bosco Marengo, dove venivano fabbricate le pastiglie di uranio arricchito per le centrali. I rifiuti radioattivi presenti non sono derivati dalla fissione, sono per lo più costituiti da uranio e uranio arricchito, quindi l'emissione di becquerel è inferiore rispetto agli altri due siti. Come già per Trino e Saluggia, la Sogin ha deciso di costruire in loco un deposito provvisorio, ma non ha ritenuto necessaria una valutazione di impatto ambientale perché i rifiuti sono per qualità e quantità meno pericolosi. Quindi l'autorizzazione per costruire il deposito è stata data subito e i lavori sono partiti. Ovviamente senza consultare gli abitanti della zona.

Legambiente e altre associazioni si sono messe l'elmetto e hanno fatto ricorso al Tar contro questi provvedimenti. L'idea di stoccare in loco e «poi si vedrà» è una comoda scorciatoia all'italiana che condannerà i piemontesi a vivere per anni e anni sopra la loro bomba a orologeria. Non solo: come fa osservare Gian Piero Godio, se passa l'entombment, Bosco Marengo diventerà un precedente valido per tutti gli altri siti nucleari italiani.

Anziché cercare il famoso deposito nazionale che risponda ai criteri di sicurezza richiesti, sarà facile per la Sogin trasformare gli ex impianti e il loro comprensorio in depositi di se stessi, senza le necessarie garanzie per i cittadini.

I tre siti di Trino, Saluggia, Bosco Marengo sono stati scelti ormai cinquant'anni fa in modo molto discutibile, perché sono vicini a corsi d'acqua, falde e zone popolate: l'errore è stato fatto ma è assurdo perseverare. Bisogna impuntarsi sull'effettivo smantellamento di Bosco Marengo, non solo per chi abita vicino, ma anche per una questione di principio: visto che lo psiconano vuole ripartire col nucleare, è giusto che prima ci dica come intende risolvere il problema delle scorie passate e future.

Il punto sta tutto qui: posto che lo Stato italiano – a prescindere dal colore del governo – non ha i fondi per gettarsi realmente nel nucleare, dal 1987 sta nicchiando sulla necessità di risolvere definitivamente la questione rifiuti radioattivi.

Ci troviamo così nella grottesca situazione in cui:

1) da un lato, spingere per la localizzazione del sito definitivo (posto che si trovi e che le popolazioni locali lo accettino) potrebbe avvantaggiare il nuovo scriteriato piano nucleare;

2) dall'altro, i siti con scorie di livello intermedio divengono depositi di se stessi per vent'anni e poi chissà... Quanti governi e normative si succederanno

nel frattempo? Così facendo, nella logica italiota di far qualcosa per fare nulla, si inizierà a fare progetti sul nucleare con cui girare un po' di milionate ad amici affaristi e progettisti, svuotando ulteriormente le nostre tasche e quindi gli stanziamenti per l'approvvigionamento universalistico dei livelli essenziali dei diritti sanciti dalla Costituzione – sanità, istruzione, servizi pubblici – spingendoli sempre più nelle mani delle SpA in cui siedono o che servono. Vuoi mai che nel 2030 avremo davvero nuove centrali nucleari ancora senza deposito definitivo?

Il Tar ha dato ragione ai cittadini e bloccato i lavori per «l'esistenza di un pregiudizio grave e irreparabile derivante dall'esecuzione del provvedimento impugnato» e dalla riconosciuta «incompetenza dell'organo che ha adottato il provvedimento stesso, nonché al mancato accertamento dei requisiti di idoneità del sito».

Sogin ha opposto un controricorso al consiglio di Stato contando sul fatto che i cittadini non potessero pagare le ingenti spese legali, visto che avevano raggranellato con molta fatica i 4000 euro necessari per il ricorso. Attraverso il blog è partita una sottoscrizione che ha permesso di andare avanti. Nell'agosto 2009 è stata pubblicata la sentenza: Legambiente, Pro Natura e Medicina Democratica, insieme a tutti i cittadini, hanno vinto. Almeno per il momento.

«Ma intanto il controricorso di Sogin» ha detto Godio «ha determinato il rallentamento dell'attività processuale, mentre nel frattempo a Bosco Marengo i lavori di trasformazione del sito in deposito nucleare sono andati tranquillamente avanti. Ci pare anche doveroso ricordare che tutto questo è stato raggiunto grazie alla sottoscrizione di associazioni e di cittadini che si sono fatti carico delle spese legali per decine di migliaia di euro, traendoli generosamente dalle proprie tasche, mentre la Sogin ha tranquillamente utilizzato i fondi pubblici che ha in dotazione.»

YES IN MY BACKYARD!

Il nostro Paese è in piena sindrome NIMBY: ne avete mai sentito parlare? L'acronimo sta per *not in my backyard*, letteralmente «non nel mio cortile» ed è un modo con il quale si indicano vari movimenti impegnati nella lotta per impedire la costruzione di una qualunque opera di utilità pubblica – autostrade, impianti industriali, cave, discariche, depositi di sostanze pericolose, centrali nucleari o simili – vicino a casa.

Spesso la sindrome NIMBY è controbilanciata dall'effetto opposto, chiamato YIMBY, yes in my backyard, oppure PIMBY, please in my backyard. Come se la cavano gli altri Paesi quando l'«utilità pubblica» sono le scorie? Ecco alcuni esempi.

Francia

È stato predisposto lo smantellamento dei rifiuti radioattivi a vita breve in depositi ingegneristici superficiali. Il primo realizzato è stato quello del centro di La Manche, vicino all'impianto di La Hague. Saturo di 500.000 metri cubi di scorie, è in corso di sigillatura. Il secondo deposito superficiale, il Centre de l'Aube, nel nord-est della Francia, è entrato in funzione nel 1992 e ha una capacità di un milione di metri cubi di rifiuti. Attualmente sono in corso ricerche per la costruzione di un laboratorio sotterraneo per lo studio di una futura soluzione geologica.

Svizzera

Data la scarsa presenza di aree collinari o pianeggianti è stato previsto un sito geologico non superficiale per lo smantellamento dei rifiuti a bassa attività. Per quelli ad alta, invece, sono in corso studi per la creazione di altri due depositi.

Spagna

Un impianto di tipo superficiale per i rifiuti a bassa attività, situato a El Cabril, in Andalusia – su un'area già sede di una vecchia miniera di uranio – è in esercizio dal 1992. Tale deposito ha una capacità di 100.000 metri cubi e riceve annualmente 5000 metri cubi di scorie. Per quanto riguarda lo smaltimento dei rifiuti ad alta attività, nel 1986 è iniziato un programma di ricerca con l'obiettivo di trovare un sito e renderlo operativo entro il 2025, ma pare che il progetto sia stato sospeso.

Belgio

Fin dagli anni Novanta il Paese ha tentato di individuare un sito per lo smantellamento superficiale dei rifiuti a bassa attività. Nel 1994 ne aveva individuati ben 98 potenziali. Di questi soltanto uno è attualmente sotto studio. Per quanto riguarda invece i rifiuti ad alta attività, è prevista la creazione di un deposito geologico. Nel frattempo, viene praticato l'immagazzinamento temporaneo a Mol, dove c'è un laboratorio a 229 metri di profondità.

Gran Bretagna

Per lo smantellamento dei rifiuti radioattivi a bassa attività è previsto il solo deposito di Drigg, operante dal 1959, in cui sono stati messi 800.000 metri cubi di scorie. Per i rifiuti ad alta e media attività era previsto lo smaltimento in un sito geologico nell'area già molto contaminata di

Sellafield, ma in seguito a problemi di licenza ora se ne sta cercando un altro.

Svezia

Per lo smantellamento dei rifiuti a bassa e media attività è in esercizio dal 1988 il deposito Sfr di Forsmark, a un chilometro dalla costa del mar Baltico. Questo impianto è costituito da silos e gallerie a un profondità di sessanta metri, e ha una capacità di 65.000 metri cubi, sufficiente per l'intera produzione stimata del Paese. Come deposito geologico per i materiali ad alta attività è invece in costruzione un sito nella cittadina di Östhammar.

Russia

Dopo aver varato un ambizioso piano per l'energia nucleare e il riciclo delle proprie scorie radioattive, Putin ha firmato una serie di accordi con Bulgaria, Lettonia, Libia, Repubblica Ceca, Romania, Serbia e Uzbekistan per stoccare e riprocessare anche i loro rifiuti nucleari. In teoria i russi dovrebbero far sì che il materiale radioattivo riprocessato venga restituito ai Paesi d'origine, tuttavia si stima che 700.000 tonnellate di scorie radioattive (comprese quelle russe) siano custodite in Siberia. Alcune delle quali presso la già tormentata regione di Mayak, in rugginosi contenitori d'acciaio all'aperto.

Stati Uniti

Esistono diversi siti per lo smaltimento dei rifiuti a bassa attività – nello specifico si tratta di siti superficiali con o senza barriere ingegneristiche, a seconda delle condizioni geologiche in cui si trovano – ma in seguito a un emendamento del 1985 diversi Stati si sono cimentati nella costruzione di nuovi depositi, con esiti però quasi sempre negativi. Per i materiali ad alta attività (consistente in circa

37 milioni di metri cubi di materiali radioattivi che giacciono stipati in depositi di fortuna sparsi nel Paese) il sito, dopo i disastrosi e costosissimi tentativi del Wipp e della Yucca Mountain, non è ancora stato trovato. Prima di esporsi ad altre figuracce (e spese), gli americani, si spera, valuteranno meglio dove seppellire le loro schifezze.

7

L’alternativa che c’è

Gli econuke

I pronuke più tossici a volte si travestono da ambientalisti e fingono di volere il nucleare perché «non inquina» e finalmente permetterà di liberarci dei combustibili fossili. Che il nucleare sia energia pulita è l'ennesima balla e il problema delle scorie e delle contaminazioni radioattive praticamente eterne lo dimostra. Né è vero che il ciclo produttivo non emette anidride carbonica: l'uranio viene estratto e trasportato dalla miniera alla centrale – spesso per migliaia di chilometri – e lo stesso avviene per i rifiuti tossici che hanno il bel vizio di andarsene in giro per essere trattati e stoccati. Senza contare le pesanti emissioni in fase di costruzione: se negli anni Settanta servivano mediamente 66 mesi per tirare su una centrale, adesso i tempi sono quasi raddoppiati e siamo arrivati a 116 mesi. Per motivi di sicurezza un impianto ha bisogno di ingenti quantità di cemento e acciaio, a loro volta prodotti con abbondante consumo di petrolio e carbone.

Secondo una relazione congiunta di Legambiente, Greenpeace e Wwf del 2008, le emissioni indirette di un chilowatt/ora di energia nucleare sono comparabili alle emissioni di un chilowatt/ora di una centrale a gas.

Ma soprattutto il nucleare produce solo energia elettrica, che in un Paese industrializzato è appena il 20 per cento dei consumi energetici. Il resto se ne va in riscaldamento e trasporti, e una parte viene dispersa nel trasferimento dalla centrale ai consumatori. Bisognerebbe diminuire le distanze, costruendo centrali più piccole e più vicine agli utenti, ma la logica del nucleare è esattamente opposta: megaimpianti centralizzati per assorbire i costi e tenere una distanza di sicurezza minima dai cittadini, e di conseguenza chilometri e chilometri di cavi che sprecano lo sforzo produttivo.

Il blog ha intervistato a questo proposito Jeremy Rifkin che, dati alla mano, ha messo in ridicolo le pretese degli econuke: i 443 impianti nucleari esistenti soddisfano complessivamente il 5 per cento del fabbisogno energetico, un'inezia a fronte della massiccia produzione dipendente da petrolio, gas e carbone. Se qualcuno fosse così pazzo da voler ridurre le emissioni di anidride carbonica con il nucleare, bisognerebbe che gli impianti coprissero almeno il 20 per cento della produzione energetica mondiale. Cioè dovremmo costruire tre centrali atomiche ogni trenta giorni per i prossimi sessant'anni. «Credo che l'energia nucleare sia alla fine del suo corso e qualsiasi governo sbaglierebbe a investire nell'atomo» ha concluso Rifkin.

Da una dipendenza all'altra

L'altra favola è che l'Italia ha bisogno del nucleare come fonte alternativa al petrolio. Siamo troppo dipendenti dalle importazioni e di conseguenza dai

Paesi produttori, che possono fare il bello e il cattivo tempo. Come gli «amici» Putin e Gheddafi hanno sempre fatto. E del resto i pozzi si stanno per esaurire, quindi dobbiamo trovare un piano B.

Sempre Jeremy Rifkin fa il punto sul cosiddetto «picco del petrolio» che si tocca quando sarà stato usato metà del combustibile del pianeta: «Quando questo avverrà, saremo alla fine dell'era del petrolio perché il costo di estrazione non sarà più sostenibile». L'Agenzia internazionale per l'energia atomica sostiene che ci arriveremo probabilmente tra il 2025 e 2035. Alcuni geologi meno ottimisti pensano al 2020, qualcuno addirittura prima, ma si tratta comunque di una finestra di una quindicina d'anni, entro i quali dobbiamo trovare e applicare una soluzione. È certo però che l'ultimo grande giacimento è stato scoperto nel 1979, più di trent'anni fa. Il mare del Nord ha raggiunto il suo picco nel 2005, la Russia nel 2010, come il Messico, il settimo produttore mondiale.

Siamo letteralmente agli sgoccioli, e a farne le spese saranno soprattutto i Paesi più poveri che da un lato non potranno permettersi l'energia indispensabile per lo sviluppo, e dall'altro – in quanto produttori – si troveranno sempre più esposti a conflitti politici e militari. Già oggi un terzo delle guerre civili avviene negli Stati che hanno grossi giacimenti.

È per questo che dobbiamo ricorrere all'atomo, dicono i nuclearisti. Ma si dimenticano di aggiungere che si tratta di passare da una dipendenza all'altra. I reattori sono alimentati da uranio, e l'Italia non ha giacimenti. Questo elemento si trova in concentrazioni talmente basse in natura che l'estrazione spesso non è conveniente. Ormai le miniere più ricche sono esaurite o stanno diventando antieconomiche, tanto che l'Agenzia internazionale per l'energia atomica ha già lanciato l'allerta per la disponibilità del combustibile: consumandolo a questi ritmi, ci troveremo in crisi nel 2025-2035. Esattamente quando è previsto il picco del petrolio. Se poi volessimo aumentare la produzione di energia nucleare, come spera lo psiconano, le riserve si esaurirebbero nel giro di pochi anni. Allora dove sta il vantaggio?

Inoltre il nucleare nasce armato: anche quello civile, bianco o buono, come vogliono chiamarlo, è soltanto un sottoprodotto della ricerca militare. I reattori utilizzano l'isotopo 235 dell'uranio, che è appena lo 0,7 per cento di quello presente in natura. Se si vuole sfruttare l'isotopo più diffuso, il 238, bisogna bombardarlo di neutroni per trasformarlo in radionuclidi adatti alla fissione. Tra questi c'è il plutonio, fondamentale per costruire le bombe nucleari.

È per questo che tanti Paesi hanno insistito e insistono per avere il nucleare civile: perché potrebbe produrre combustibile a scopo militare. E chi mai potrebbe decidere quale Stato ha diritto a costruirsi una centrale elettronucleare e quale no? Se siamo convinti che l'energia nucleare è irrinunciabile per l'Italia, non possiamo impedire agli Stati di cui non ci fidiamo, come l'Iran, di portare avanti la stessa rivendicazione.

La risposta è evidente: tutti i Paesi devono rinunciare al nucleare

L'Europa dei buoni propositi

Vi ricordate quando si parlava del Giappone per le iniziative ambientali e non per le nubi tossiche? Sembra passato un secolo, e invece non sono trascorsi neanche quindici anni da quando, nel dicembre 1997, è stato sottoscritto il protocollo di Kyoto, un accordo internazionale pieno di buoni propositi per ridurre le emissioni di gas serra (principalmente anidride carbonica, ma anche metano, protossido di azoto, idrofluorocarburi, perfluorocarburi ed esafluoruro di zolfo).

I Paesi firmatari (ormai più di 184: tra quelli avanzati mancano solo gli Stati Uniti) si sono impegnati a ridurre nel periodo 2008-2012 le emissioni complessive di gas serra del 5,2 per cento rispetto a quelle del 1990.

In realtà ogni Paese fa storia a sé e gli è stato assegnato un impegno più o meno ambizioso in base alla sua incidenza sul piano dell'inquinamento. L'Europa deve scendere dell'8 per cento; per l'Italia la quota è stata fissata al 6,5 per cento. Nella primavera del 2002 l'Europa ha ratificato il patto, che è entrato in vigore il 16 febbraio 2005, dopo l'adesione della Russia.

Sull'onda dell'entusiasmo, l'Unione europea si è prefissata un ulteriore obiettivo, il cosiddetto «pacchetto clima-energia» o «accordo 20-20-20»: entro il 2020 si vogliono ridurre le emissioni di gas serra del 20 per cento, realizzare un risparmio energetico del 20 per cento e soddisfare il 20 per cento di richiesta energetica con fonti rinnovabili. Ancora una volta le quote sono riviste caso per caso, e all'Italia spetta un 17 per cento.

Secondo molti ambientalisti, si tratta di misure che faranno solo il solletico all'effetto serra, ma intanto indicano una lenta presa di coscienza e, forse, l'individuazione della giusta strategia.

Finché si è trattato di promettere, in Italia è andato tutto bene; quando è venuto il momento di applicare, sono iniziati i problemi.

Improvvisamente ci si è accorti che bisognava dettare regole, investire, spendere oggi per guadagnare domani: «Chiediamo che l'Ue tenga in considerazione l'impatto insostenibile di certe misure per la nostra economia e per il nostro sistema» ha detto la Prestigiacomo.

In aprile 2010 alcuni senatori della maggioranza hanno presentato una mozione contro il pacchetto clima-energia, mettendo in dubbio i dati su cui si fonda. A loro dire si tratta di «tesi catastrofiste basate sui contenuti dei rapporti Onu-Ipcc e di alcuni studiosi inglesi alle quali gli altri governi si sono criticamente accodati condividendo analisi, oggi rivelatesi errate e non sufficientemente supportate dal dato scientifico». L'Ipcc è l'Intergovernmental Panel on Climate Change che nel 2007 ha vinto il Nobel per la pace con Al Gore.

Ancora più illuminante il parere di Berlusconi, secondo cui è «assurdo parlare di emissioni quando c'è una crisi in atto: è come uno che ha la polmonite e pensa di farsi la messa in piega». Salvo poi sbandierare il patto 20-20-20 per promuovere il nucleare, arma sulla quale vuole puntare per ridurre le emissioni di CO_2.

Nelle sue intenzioni, il 25 per cento dei consumi elettrici ci verrà fornito dall'energia atomica. Una strategia non solo assurda ma anche insufficiente: i consumi elettrici sono il 20 per cento del totale, quindi il 25 per cento dei consumi elettrici è solo un 5 per cento del consumo complessivo di energia. L'obiettivo del 17 per cento sarebbe ancora molto lontano.

La strategia che lo psiconuke vorrebbe adottare è assurda ma su un punto devo dargli ragione: l'Italia ha sicuramente bisogno di un cambiamento drastico nella politica energetica perché altrimenti non centrerà neppure un obiettivo. A livello europeo, siamo ben avviati per la riduzione dei gas serra: nel 2008 il taglio era stato del 6,9 per cento, non troppo lontano dal traguardo dell'8 per cento per il periodo 2008-2012. Invece l'Italia non sta facendo la sua parte: secondo gli ultimi dati Istat le emissioni sono aumentate del 4,7 per cento rispetto al 1990 (esattamente l'opposto del 6,5 per cento in meno per cui si era impegnata a Kyoto).

Sul piano delle rinnovabili non andiamo meglio. Secondo l'European Wind Energy Association, il pacchetto clima-energia sta funzionando quasi ovunque e il traguardo del 20 per cento di energia da fonti rinnovabili sembra possibile. Anzi si potrebbe leggermente sforare (20,7), perché otto Paesi stanno facendo meglio del previsto. Brillano per impegno Bulgaria (2,8 per cento in più), Spagna (2,7) e Grecia (2,2). Chi manca all'appello? Dei 27 Paesi dell'accordo 20-20-20, gli unici sotto quota sono l'Italia (-0,9 per cento) e il Lussemburgo (-2,1).

La terza rivoluzione industriale

«Le grandi rivoluzioni economiche accadono quando l'umanità cambia il modo di produrre l'energia, e quando cambia il modo di comunicare per organizzare questa rivoluzione energetica» ha detto Jeremy Rifkin al blog. «All'inizio del Ventesimo secolo la rivoluzione del telegrafo e del telefono convergeva con quella del petrolio e della combustione interna, dando vita alla Seconda rivoluzione industriale. Ora siamo al tramonto. La domanda è: come aprire la porta alla terza rivoluzione industriale?»

Il petrolio è finito e non dobbiamo insistere sullo stesso modello economico che si è già rivelato fallimentare. Né ripescare qualcosa che non ha funzionato, come il nucleare.

Non lo dico io, ma le politiche energetiche a livello mondiale. La richiesta di energia continua ad aumentare, persino per le fonti in via di esaurimento come il gas, il carbone e il petrolio. L'unica fonte che è andata incontro a un calo è il nucleare: dai 2809 miliardi di chilowatt/ora consumati nel 2006 è scesa ai 2698 nel 2009. Nei prossimi anni si prevede comunque un blando incremento, comunque molto inferiore a quello di tutte le altre fonti energetiche.

Come abbiamo visto, gli amici dell'atomo si concentrano soprattutto in Asia, dove c'è sete di grandi forniture energetiche e si applicano vecchi schemi economici che puntano alla centralizzazione degli impianti. L'Europa, a parte Sarkò, ha imboccato tutt'altro sentiero già prima di Fukushima: dal consumo continentale di 1013 miliardi di chilowatt/ora da nucleare nel 2004 – la punta massima – nel 2009 si è tornati ai livelli degli anni Novanta con 895 miliardi.

Giusto per dare un parametro di confronto, la produzione di petrolio è più o meno stabile sugli ottanta milioni di barili al giorno dal 2004 e il gas naturale si aggira sulle 2650-2700 milioni di tonnellate equivalenti di petrolio.

Consumi di energia nucleare in miliardi di chilowatt/ora

Anno	*Mondo*	*Europa*
2004	2763	1013
2005	2770	999
2006	2806	992
2007	2750	937
2008	2741	940
2009	2698	895

Dati: Earth Policy Institute

Se i combustibili fossili inquinano e scarseggiano e il nucleare non conviene da nessun punto di vista, cosa resta? Quale sarà la nuova energia? La risposta è semplice: l'energia che esiste da sempre, che non ci ha mai abbandonato e ha mantenuto il mondo fino a due secoli fa. Pulita, rinnovabile e infinita: il sole, il vento, l'acqua, il calore della Terra, le biomasse. Sembra un ritorno all'antico e invece non lo è. È questa la «Terza rivoluzione industriale» di cui parla Jeremy Rifkin: le vecchie energie si combinano con la nuova rete e danno vita all'energia distribuita. Un sistema equo di interscambio, a cui l'Europa potrebbe già essere molto vicina. I presupposti sono quattro:

1) usare energie rinnovabili e distribuite;

2) trasformare tutti gli edifici in impianti in grado di generare energia e farla convergere in un grande impianto di raccolta;

3) incamerare questa energia in un «supporto» adatto, come l'idrogeno;

4) implementare la comunicazione distribuita di energia.

Questo sistema è l'Internet dell'energia: ogni

utente mette in Rete quella che ha generato in uno scambio *peer to peer*, l'idrogeno funziona come un supporto digitale e i surplus vengono condivisi e ridistribuiti. «Quello che dobbiamo fare è democratizzare l'energia» afferma Rifkin. «La Terza rivoluzione industriale significa dare potere alle persone. Per la generazione cresciuta con la Rete questo è la conclusione e il completamento della rivoluzione. Centinaia di persone sono in Internet e possono creare il più grande, decentralizzato network televisivo, open source, condiviso... Perché non possiamo farlo con l'energia?»

Il mondo si rinnova

Secondo l'Agenzia internazionale per l'energia, la richiesta di energie rinnovabili è destinata a crescere in tutto il mondo. L'incremento sarà notevole in termini assoluti per l'energia idroelettrica e quella eolica, che hanno costi di produzione ormai paragonabili alla fonte oggi più economica, il gas. In percentuale cresceranno maggiormente altre fonti, ma il loro impatto e la diffusione sono ancora ridotti e il contributo rimarrà limitato. Se qualcosa non cambia. Per esempio, i costi di installazione degli impianti e di produzione dell'energia.

Gli impianti idroelettrici sono già abbastanza economici e usano una tecnologia ben sviluppata, che probabilmente rimarrà invariata nei prossimi anni.

In Italia abbiamo 2098 centrali, di cui 1613 al nord, 277 al centro e il resto al sud e nelle isole. Fino al 1962 producevano l'80 per cento dell'energia elettrica, mentre oggi sono state ridotte al 15 per cento

Le rinnovabili: richiesta prevista

Fonte	*Incremento 2006-2015*	*Incremento 2015-2020*
Acqua	2,3	1,9
Biomasse	6,4	5,3
Vento	19,9	7,9
Geotermica	5,8	4,5
Solare	33,3	15,9

Dati: Earth Policy Institute

per dare spazio alle centrali termoelettriche e alle loro emissioni, ma il nuovo piano energetico prevede di raddoppiare il contributo idroelettrico in vista del 2020.

L'unico limite è la portata in continuo calo di laghi e fiumi, che in certi periodi dell'anno non può alimentare le grosse centrali esistenti. La soluzione sarebbe il mini-idroelettrico: impianti più piccoli che sfruttino anche i dislivelli minori per servire meno utenti. Senza bisogno di costruire mostri di ingegneria idraulica che ci si ritorcono contro, come il Vajont.

Ottimi segnali vengono dall'eolico, che si presta a essere ben sfruttato in tutti i Paesi dove il vento spira forte, come in Danimarca, Germania, Inghilterra, Irlanda, Spagna, Portogallo e nell'Italia meridionale. Ogni anno la capacità produttiva installata cresce del 25-30 per cento: un fenomeno. Intanto il costo delle turbine scende tra l'8 e il 15 per cento a ogni raddoppio di capacità installata. La maggior parte dei nostri impianti si trova in Puglia, Campania e Sicilia; con quasi 6000 megawatt coprono complessivamente il 2,5 per cento della richiesta di energia elettrica. L'obiettivo per il 2020 sarebbe di triplicare la produzione.

Il solare (termico o fotovoltaico) cresce in fretta e i costi si abbattono del 12 per cento ogni anno grazie alla maggior efficienza dei pannelli. Piccoli e modulari come sono, si prestano soprattutto per essere installati nelle case, dove potrebbero fornire sia elettricità sia riscaldamento. Sarebbero un'ottima soluzione anche per le isole, perché portare la corrente è molto costoso e dispersivo, mentre impianti localizzati potrebbero garantire almeno l'autosufficienza elettrica. Per il momento il costo dell'istallazione è ancora elevato e non viene ammortizzato prima di una decina d'anni. Per questo l'Italia aveva proposto un piano di incentivi che ha avuto risposte immediate: 2,5 miliardi di euro nel 2009 e 3,4 nel 2010. Secondo Adiconsum, 600.000 persone hanno usufruito degli incentivi, per un investimento complessivo di sette miliardi. E quello che è costato allo Stato – 500 milioni nel 2009 – è ritornato tutto sotto forma di Iva, tasse e lavoro.

Tanto entusiasmo verde va frenato, hanno pensato al governo. In marzo il duo Romani-Prestigiacomo ha varato un piano di tagli agli incentivi. È difficile farsene una ragione, soprattutto se si pensa che nel 2010 siamo stati la quarta nazione nel mondo (dopo Cina, Germania e Stati Uniti) per capacità di attirare investimenti privati nelle rinnovabili: c'è stata una crescita del 124 per cento. E allora perché sono venuti a romperci i coglioni a suon di tagli? Romani trova la causa nelle «eccessive ricadute in bolletta degli incentivi per le rinnovabili». Ma prima di ritoccare le rinnovabili, che almeno fanno bene al pianeta, non sarebbe meglio riflettere sui costi che ancora paghiamo – sempre in bolletta – per le vecchie centrali nucleari?

L'Italia è stato il primo Paese a sfruttare la geotermia, con l'impianto di Larderello che dal 1913 sfrutta il vapore caldo che esce dal sottosuolo del monte Amiata. Le migliori risorse si trovano in zone vulcaniche, come la Nuova Zelanda, le Filippine, gli Stati Uniti, l'Islanda (dove coprono l'85 per cento del riscaldamento domestico) e l'Italia. Ma la potenzialità sarebbe ben maggiore: ora tutti gli impianti si trovano in Toscana e uno a Ferrara, però anche la Sicilia e la Sardegna avrebbero ottime risorse da sfruttare.

Infine ci sono le biomasse, cioè i materiale organici, come il legno e i derivati, ma anche i gas che vengono dalla fermentazione dei rifiuti. L'emissione di anidride carbonica è bassissima perché il combustibile non è fossile. I problemi del legname sono due: regolamentare lo sfruttamento dei boschi (tagliare alberi comunque aumenta le emissioni, senza contare il dissesto idrogeologico) e lo sfruttamento molto localizzato, alla portata solo di chi vive in zone montuose.

Gli italiani ci provano

Primi in Europa per il geotermico, terzi per il fotovoltaico e l'idroelettrico, quinti per le biomasse, settimi per l'eolico: apparentemente per una volta l'Italia non è l'ultima della classe. In realtà c'è poco da stare allegri: messe tutte insieme, le energie alternative nel 2009 hanno fornito il 5 per cento dell'energia e il 20,8 per cento dell'elettricità. Una quota in crescita (16,5 per cento in più rispetto al 2008), soprattutto per il fotovoltaico (251 per cento in più) e l'eolico (33,6 per cento), ma l'obiettivo del 17 per cento è ancora lontano.

La distribuzione sul territorio poi è del tutto irregolare: Valle d'Aosta e Trentino-Alto Adige hanno investito molto sulle energie verdi (dall'idroelettrico alle biomasse, grazie all'abbondanza di risorse), ma alcune regioni densamente popolate come Liguria (5,4 per cento), Lazio (5, 9 per cento) ed Emilia-Romagna (9,1 per cento) sembrano decisamente indietro.

Tanta difformità vuol dire una cosa sola: manca una politica nazionale delle rinnovabili. L'iniziativa è lasciata al singolo: all'amministrazione locale quando va bene, più spesso al cittadino coscienzioso, che si trova da solo a sbrigarsela tra preventivi e inghippi burocratici.

Al sud i risultati migliori si sono visti in Calabria (44,7 per cento), Molise (42,0 per cento) e Abruzzo (36 per cento). Sono stato personalmente a vedere i grandi impianti eolici che si trovano tra la Puglia e la Campania. Un paesaggio veramente straordinario. Là c'era l'abbinamento del secolo: vento ed energia, pubblico e privato. Noi siamo i più grandi produttori al mondo dei piloni delle pale eoliche. La fabbrica è a Priolo, dove c'è anche una raffineria di Garrone. Ecco la schizofrenia di oggi: petrolio e vento. Ci si buttano tutti sull'energia pulita, perché è il futuro. Perfino i petrolieri, ma il loro *core business*, il centro del loro lavoro, rimarrà sempre il petrolio marcio. Sono dei fossili.

In che modo di sposano «pubblico» e «privato»? Il pubblico ci mette il vento, il privato ci mette l'impianto. Ma i ricavi di questa energia pulita non devono finire, come è già successo, in una finanziaria in Lussemburgo, né nelle tasche dei grandi manager. La politica deve regolare queste cose e non lasciarla in mano ai privati che si scannano per mettersi una giacchina nuova. L'energia deve rimanere nel Paese e nei paesi vicini. Questa è la politica: far convergere il pubblico e il privato.

A chi dice che i piloni dell'eolico sono brutti, chiedo: meglio i piloni o i tralicci dell'Enel? Meglio i piloni o le centrali nucleari? Con l'eolico almeno siamo immersi nel verde, nel futuro. Gli impianti danno sempre energia perché c'è sempre vento. E possono dare energia anche di notte, quando le fabbriche sono chiuse e non ne hanno bisogno. Possiamo svendere l'energia in eccesso all'estero o ridistribuirla. Qui non ci sono inquinanti, non si brucia niente. Non bruciando niente la salute diventa una cosa primaria. Questo è veramente il futuro.

Perché il futuro non arriva?

Il vero problema è che le rinnovabili per essere un'alternativa funzionale e competitiva hanno bisogno di interventi strutturali che non possono essere delegati per intero ai cittadini. L'eolico per esempio ha costi di installazione alti e di conseguenza salgono gli oneri di produzione per chilowatt/ora; se però si ricorresse a grandi pale di ultima generazione la spesa iniziale sarebbe ammortizzata da una capacità generativa maggiore.

Però non posso certo mettermi io in giardino una pala dal diametro di ottanta metri con un pilone alto cento. I miei vicini potrebbero risentirsi.

Lo hanno capito bene i comuni limitrofi di Olivadi, San Vito sullo Ionio e Cenadi, in provincia di Catanzaro. I primi due appartengono all'Associazione comuni virtuosi, nata nel 2005 per iniziativa delle amministrazioni di Colorno (Parma), Vezzano Ligure (La Spezia), Monsano (Ancona), Melpignano (Lecce). Lo scopo era mettere in comunicazione i comuni che autonomamente hanno deciso di promuovere una politica ecocompatibile, dalla gestione dei rifiuti al taglio degli sprechi, dalla filiera corta alla cementificazione zero. Hanno aderito in 48, portando avanti iniziative singole o congiunte che hanno beneficiato dello scambio di esperienze. Il progetto «Sole-ambiente-risparmio» dei tre comuni di Catanzaro è nato per esempio sul modello di Colorno e Castellarano (Reggio Emilia). L'idea è semplice: visto che il fotovoltaico porta vantaggi a tutti ma costa molto, perché non unirsi per ottenere qualche sconto sulla quantità? Nei tre comuni hanno richiesto l'istallazione di più di trecento impianti, con un bel taglio alla spesa.

Il costo complessivo (finanziato da una banca locale) verrà ammortizzato nel giro di dodici-quattordici anni, dopodiché l'energia sarà completamente gratis. L'ambiente ringrazia: si calcola che ogni chilowatt/ora di fotovoltaico installato comporta una tonnellata di gas serra in meno.

Un altro modo per abbattere i costi sarebbe investire nella ricerca. Peccato che secondo Greenpeace negli ultimi sessant'anni il nucleare ha assorbito la maggior parte delle risorse stanziate dai Paesi Ocse. Se mancano i fondi per sviluppare e ottimizzare le rinnovabili, ci troveremo sempre in mano impianti prototipo tanto cari da scoraggiare anche le coscienze più verdi. Per esempio, un impianto geotermico domestico per una casa di cento metri quadrati comporta una spesa di 20.000 euro, oltre alle infinite difficoltà burocratiche. È vero che poi i soldi si recuperano, ma intanto vanno sborsati.

E infine le rinnovabili non possono fare a meno del risparmio e dell'efficienza. Continuano a dirci che con il sole e il vento non possiamo soddisfare il fabbisogno energetico: è vero, ma solo se si mantiene così alto. Se riuscissimo a tagliare gli sprechi e a razionalizzare la richiesta di energia, potremmo quasi dimezzarla. E a quel punto le rinnovabili potrebbero coprire i consumi, migliorando il bilancio delle nostre tasche, il debito galoppante di Tremorti e la salute del pianeta.

Per esempio, la rete elettrica italiana è vecchia e ha una dispersione di energia intorno al 12 per cento, cioè una parte di energia viene prodotta e pagata ma si perde per strada. Servirebbe un intervento dall'alto per risanare questa rete-colabrodo, e soprattutto si dovrebbe reimpostare la distribuzione delle centrali in Italia. Teniamoci quelle che ci sono, ma via via che aggiungiamo capacità produttiva anziché concentrarla in grandi impianti distribuiamola su minicentrali più vicine agli utenti. In questo modo l'energia viaggia meno e si riduce la dispersione.

Ultimo vantaggio delle rinnovabili, non trascurabile in tempo di crisi, è la creazione di nuovi posti di lavoro: centomila solo per il fotovoltaico secondo la Cgil, sessantamila per l'eolico secondo la Uil. Non è il milione che sbandierava lo psiconano, ma questi posti di lavoro sarebbero puliti, verdi, innovativi, e soprattutto ben più di una promessa.

Come dice Jeremy Rifkin, «l'Italia è l'Arabia Saudita delle energie rinnovabili! Ci sono così tante energie rinnovabili distribuite! Mi meraviglio quando vengo e vedo che non vi state muovendo nella direzione in cui si muove la Spagna, aggressivamente verso le energie rinnovabili. Avete così tanto sole da Roma a Bari. Siete una penisola, avete sempre il vento, il mare che vi circonda, ricche zone geotermiche in Toscana, biomasse nel nord Italia, la neve per l'idroelettrico dalle Alpi. Voi avete molta più energia di quella che vi serve e non la state usando. Quello che umilmente posso dire al governo italiano è: a che gioco volete giocare? Se il vostro piano è restare nelle vecchie energie, l'Italia non sarà competitiva e non potrà godere dell'effetto moltiplicatore sull'economia della terza rivoluzione industriale. Si troverà a correre dietro a molti altri Paesi. Se invece deciderà che è il momento di iniziare a muoversi verso la Terza rivoluzione industriale, le opportunità per l'Italia e i suoi abitanti saranno enormi».

E luce fu... purché a led

La riduzione dei consumi passa per moltissime iniziative pubbliche e private. Spesso si tratta di attuare piccoli accorgimenti che portati su larga scala sarebbero di grande impatto in termini di risparmio energetico e riduzione delle emissioni. Prendiamo come esempio lo spreco di luci tipico delle città. Che senso ha tenere accese vetrine e insegne nel cuore della notte? Se proprio i negozianti non possono rinunciarci, un lettore del blog suggerisce di installare sensori di movimento: quando un passeggiatore notturno arriva, la vetrina si illumina e poi torna spenta a zero consumi. Lo stesso si potrebbe fare nei condomini: perché tenere le scale rischiarate a giorno tutta la notte? A beneficio di uno o al massimo due inquilini che fanno le ore piccole?

Vito Cerullo, consigliere del MoVimento a Reggio Emilia, ha proposto di creare i condomini a 5 Stelle. Con i consiglieri Matteo Olivieri e Davide Valeriani ha presentato in comune e circoscrizioni mozioni per istituire la pratica dei «Condomini virtuosi»: «Una pratica dove, partendo dalle assemblee condominiali, in maniera spontanea e non obbligatoria e in collaborazione con associazioni di agricoltori, ambientalisti, consumatori, gestori condominio si intraprendono azioni utili e condivise». A partire dalla sostituzione dei lampioni esterni dello stabile e delle luci interne con lampadine a risparmio energetico o led.

Tra le altre iniziative proposte, ci sono:

- installazione dei riduttori di flusso nei rubinetti per risparmiare sui consumi di acqua potabile (quella che Pdl e Lega vogliono privatizzare);
- compostaggio domestico di condominio (sconto del 20 per cento nella tassa sui rifiuti) per ridurre i rifiuti organici e produrre fertilizzante naturale per il giardino;
- creazione di un gruppo di acquisto solidale tra condomini;
- promozione dello scambio di oggetti tra i condomini;
- «Audit» energetico degli edifici per studiare come isolare meglio le strutture e ridurre i consumi energetici e la dispersione termica;
- recinzione di un piccolo spazio per un orto comune.

Un'altra idea facile facile viene da Marco Boschini, il coordinatore dell'Associazione comuni virtuosi:

«A pochi viene in mente quanto si spreca, ad esempio, per le luci votive dei cimiteri. Sono quasi tutte lampadine tradizionali. Noi a Colorno le abbiamo sostituite con quelle a led, spesso alimentate con l'energia solare, e risparmiamo il 90 per cento».

A Torraca, in provincia di Salerno, hanno fatto anche di più: è nata la prima «led city». Le vecchie lampade a incandescenza (settecento) della rete di illuminazione pubblica sono state sostituite da led. La spesa di 280.000 euro verrà ammortizzata in sei anni, grazie a un risparmio energetico del 70 per cento, a cui si prevede di aggiungere un taglio dei costi di manutenzione del 50 per cento. «Inoltre» come fa notare l'Associazione dei comuni virtuosi «i cittadini vedranno ridotto l'inquinamento luminoso di circa il 90 per cento, avranno meno emissioni di CO_2 e non avranno più a che fare con le sostanze tossiche presenti nelle sorgenti luminose tradizionalmente impiegate per la pubblica illuminazione, e assenti invece nelle lampade a led.»

Torraca è un piccolo comune di milleduecento abitanti. Pensate a un intervento del genere su una città come Roma, che conta circa duecentomila punti luce. Se si sostituisse tutta l'illuminazione pubblica – strade, scuole, ministeri, uffici, strutture sportive, monumenti – con lampade a risparmio energetico i costi scenderebbero del 30 per cento; se si ricorresse ai led del 70 per cento. Il taglio della bolletta potrebbe quasi rimettere in sesto il bilancio di Alemanno!

L'Associazione dei comuni virtuosi si è fatta qualche calcolo: se l'esperienza di Torraca venisse riprodotta su larga scala il risparmio energetico sarebbe pari a 1888 gigawatt/ora. Che in termini più concreti, è più di quanto producono i termovalorizzatori italiani in un anno, o il fabbisogno di energia elettrica di 827.340 famiglie. «Questa energia sarebbe sufficiente ad alimentare tutte le utenze domestiche della Liguria: un po' come se da domani tutti i liguri avessero la corrente gratis per stirare, cucinare, illuminare la casa, guardare la tv...»

Torraca, Colorno, i tre di Catanzaro: sono questi i comuni che possono cambiare l'Italia. È questo il momento giusto per pensare al futuro, iniziando dal territorio. Per strappare metro per metro l'Italia a una politica marcia dalle fondamenta. Se non ora, quando?

La casa a 5 Stelle

Sulla casa non abbiamo proprio scuse: renderla ecologica ed efficiente dipende solo da noi. E viene tutto a nostro vantaggio: consumiamo meno, spendiamo meno e ci troviamo con un immobile che vale di più sul mercato.

Si può ridurre fino al 90 per cento la dispersione energetica con interventi mirati: provare per credere. Per cominciare doppi vetri, o anche tripli, coibentazione del tetto con un'intercapedine tra le due coperture, e un bel cappotto di sughero intorno all'appartamento: sono tutte misure che isolano la casa dal punto di vista termico, cioè riducono lo scambio con l'esterno. In inverno non entra il freddo e in estate il caldo, così l'abitazione è più vivibile, si risparmia sia sul riscaldamento sia sul condizionatore (se proprio non potete fare a meno di installarlo). In più i doppi vetri ci proteggono dall'inquinamento sonoro: quando chiudiamo la porta ci sentiamo a casa e non in mezzo alla strada.

In fase di progettazione sarebbe molto utile prevedere le finestre e le terrazze a sud, per aumentare la luminosità dell'appartamento e incamerare più calore dall'esterno. Ovviamente per chi sta in Sicilia vale il discorso opposto: inutile trasformare la casa in una serra, per poi tenere acceso il condizionatore da aprile a ottobre e lamentarsi della bolletta.

Ma si può fare ancora meglio. L'ho visto con i miei occhi quando sono stato in visita al BedZed (Beddington Zero Energy Development), il famoso quartiere a emissioni zero che si trova a sud di Londra. Ottantasette case e diciassette appartamenti che fin dal progetto, risalente a una decina di anni fa, sono stati concepiti per ridurre le emissioni di CO_2. Non ci abitano eremiti che hanno scelto una vita di rinunce, ma persone come tante che in nome di una migliore qualità della vita hanno voluto da subito una casa intelligente.

Tripli vetri con effetto serra, in modo che quando c'è il sole l'aria si scalda e rimane intrappolata all'interno, così non c'è bisogno di radiatori. Tra uno strato e l'altro dei serramenti c'è l'argon, un gas che non fa entrare il freddo e non fa uscire il caldo. Le coibentazioni sono spesse più di trenta centimetri e sono realizzate in pietra lavica tritata: una sorta di grande fascia abbraccia la casa e mantiene la temperatura costante. Nel bagno funziona il riciclo dell'acqua e persino delle feci, che diventano compostaggio. Sui tetti è possibile coltivare un piccolo orto per i consumi della famiglia.

Una casa di cento metri quadrati costa 300.000 euro, ma si usa il 58 per cento in meno di acqua con un risparmio del 40 per cento; lo stesso vale per l'elettricità: il consumo è inferiore del 45 per cento, cioè si spende un 30 per cento in meno. Per il riscaldamento invece si risparmia fino all'84 per cento. Ancora una volta, l'investimento iniziale si ammortizza nel tempo attraverso una riduzione dei consumi e delle spese notevole.

«Numerosi ingredienti per un futuro a emissioni zero sono stati collaudati qui per la prima volta» mi ha spiegato Bill Duster, l'architetto che ha progettato BedZed. «E in generale siamo riusciti a fare quello che ci proponevamo. Funziona. Non ci sono scuse: non c'è motivo per non portare avanti queste idee.»

Ma non c'è bisogno di andare fino a Londra per trovare esempi virtuosi. La provincia autonoma di Bolzano ha voluto imporre ai cittadini un consumo energetico più oculato, certificando il livello energetico attraverso un'etichettatura simile a quella degli elettrodomestici. La normativa fissa a sette litri di gasolio (o metri cubi di metano) al metro quadrato calpestabile il consumo annuo consentito per il riscaldamento in classe C. In media una famiglia italiana se ne ciuccia il doppio: eppure stiamo parlando dell'Alto Adige, dove di certo non fa caldo, e dell'obiettivo più basso. Infatti esistono anche la classe B (non più di cinque litri di gasolio o metri cubi di metano) e la classe A (non più di tre litri di gasolio o metri cubi di metano): o a Bolzano hanno scelto di andare in letargo in inverno, oppure ridurre i consumi è alla portata di tutti.

INDICAZIONI PER UNA CASA ECOCOMPATIBILE: PICCOLI INTERVENTI, GRANDI RISULTATI

A volte bastano anche piccoli accorgimenti per migliorare le nostre abitudini quotidiane e ridurre gli sprechi. Un ottimo esempio viene da un esperimento condotto nel 2003 dal comune di Bagnacavallo, in provincia di Ravenna, insieme a Legambiente Emilia-Romagna. Sono stati distribuiti in 149 case i riduttori di flusso per i rubinetti e le docce: sono dispositivi molto economici – circa 2 o 3 euro – che mescolano all'acqua particelle di aria. In questo modo il flusso resta potente, ma il consumo effettivo si riduce notevolmente. Per quattro mesi sono state monitorate 300 utenze – metà con i riduttori e metà senza – per valutare l'impatto sul consumo idrico. È risultato che dove c'erano i riduttori si risparmiava in media il 15 per cento, pari a 22.203 metri cubi all'anno. Di questi oltre seimila erano acqua calda, quindi il flusso ridotto comportava anche meno energia per riscaldare e meno emissioni di anidride carbonica.

Un altro trucco è comprare uno speciale contatore che indica il consumo in atto, non solo in chilowatt/ora, ma anche in euro. Aiuta a regolare i consumi e ad accendere gli elettrodomestici nel momento migliore, quando costa meno. Soprattutto adesso che è entrata in vigore la tariffa bioraria: per almeno venti milioni di famiglie è già un dato di fatto, per il resto d'Italia diventerà obbligatoria dal 1° gennaio 2012. In fascia F1 (dalle 8 alle 19 dei giorni feriali) la corrente costa sensibilmente di più che in fascia F2 e

F3 (le ore notturne e i festivi), quindi se spostiamo i consumi maggiori (forno, scaldabagno, lavatrice ed elettrodomestici vari) dopo le sette possiamo risparmiare sulla bolletta. Conti alla mano, bisogna concentrare almeno il 67 per cento dei consumi la sera per avere un tornaconto economico, che sarà tanto più alto quanto più sfrutteremo le fasce F2 e F3. Con un po' di accortezza si può arrivare a un taglio della bolletta del 10-20 per cento. Certo, bisogna cambiare le abitudini, ma i benefici non sono indifferenti.

La tariffa bioraria vuole essere soprattutto un incentivo a diminuire i consumi privati nel momento del picco di richieste industriali. Secondo l'Autorità per l'energia elettrica e il gas, se tutti gli italiani spostassero il 10 per cento dei consumi nelle fasce più economiche, produrremmo 450.000 tonnellate in meno di anidride carbonica, con un risparmio di 9 milioni di euro l'anno per la riduzione delle emissioni e di 80 milioni di combustibile.

A casa mia ho installato anche il prototipo di un nuovo davanzale «attrezzato per il risparmio energetico, il condizionamento e la salubrità degli ambienti». È una scatola di metallo che si inserisce sotto le finestre e permette di far circolare l'aria, filtrando gli odori, senza aprire e chiudere le finestre. Si riduce così lo scambio di calore tra la casa e l'esterno, con un risparmio di sessanta metri cubi di metano o gasolio nel solo riscaldamento invernale.

Altrettanto utile è il mio lavandino termodinamico, che riduce di diciotto volte i consumi energetici per riscaldare l'acqua. Il principio è semplice: quando facciamo uscire acqua calda, buona parte finisce nello scarico. Perché non recuperare il calore dell'acqua di scarico per riscaldare il flusso dell'acqua corrente? Nei Paesi industriali avanzati il 5 per cento del consumo di fonti fossili è assorbito dal riscaldamento dell'acqua in bagno: se ognuno di noi riducesse la richiesta energetica per questo utilizzo, che impatto avremmo sulle emissioni di anidride carbonica e sui consumi complessivi? Sono i piccoli gesti portati avanti dai singoli cittadini e moltiplicati dalla comunità che possono fare la differenza. La democrazia dal basso è anche dare il buon esempio a chi ci governa.

Indice

Finito di stampare nel mese di maggio 2011
presso Grafica Veneta – via Malcanton, 2 – Trebaseleghe (PD)
Printed in Italy